Para

_____

De

_____

Fecha

_____

La Ingeniería del Alma Impía

DR. MARIO H. RIVERA

PASTORA LUZ RIVERA

Publicado por
LAC Publications
Derechos reservados

© 2019 LAC Publication (Spanish Edition)
Primera Edición 2019
© 2019 Mario H. Rivera y Luz Rivera
Todos los derechos reservados.

ISBN 978-0-578-57379-3

© Mario Rivera. Reservados todos los derechos. Ninguna porción ni parte de esta obra se puede reproducir, ni guardar en un sistema de almacenamiento de información, ni transmitir en ninguna forma por ningún medio (electrónico, mecánico, de fotocopias, grabación, etc.) sin el permiso previo de los editores. La única excepción es en breves citas en reseñas impresas.

Diseño de la portada: Juan Luque
Imágenes e ilustraciones: Usadas con permiso de Shutterstock.com.
Impreso en USA
Printed in USA

Categoría: Guerra Espiritual

Índice

Prólogo   vii

Introducción   01

Capítulo 1   07
La Ingeniería del Alma Impía

Capítulo 2   19
La Atadura Formada Dentro de la Familia

Capítulo 3   43
La Atadura Formada por una Relación Impía y El Pseudo Pacto

Capítulo 4   79
La Atadura Formada en el Rompimiento Matrimonial

Capítulo 5   115

La Atadura Formada por Actividad Sexual Ilícita

Capítulo 6   145
El Diseño de la sexualidad en el Hombre y la Mujer

Capítulo 7   169
La Batalla Contra lo Anti-Natural

Capítulo 8   191
Las Señales de la Ingeniería del Alma Impía

Capítulo 9   205
Los Efectos Jurídicos de las Ataduras del Alma

Capítulo 10   221
Destruyendo las Fortalezas Tripartitas

Capítulo 11   249
Los Equilibrios del Alma

Capítulo 12   281
El Cordón Umbilical y las Memorias del Vientre

Capítulo 13   295
El Poder de la Ministración del Alma

PRÓLOGO

En el tiempo final que estamos viviendo es menester de cada creyente conocer más, adquirir aún más conocimiento y principalmente llevar una vida en plena comunión con Dios, manteniendo un estado de santidad que agrade a nuestro Creador. Este es un llamado de atención para la reflexión, y como una ayuda para ser llenos de nuevas herramientas que nos apoyen a lograr nuestras metas en el Señor. El presente material de literatura se ha elaborado en materia de Ministración y Liberación del Alma; fuerte área en la que el autor se ha destacado con la revelación de la Palabra y que da nuevas luces para descubrir cómo funciona "La Ingeniería del Alma Impía".

En la búsqueda de agradar a Dios y permanecer en sus caminos, los interrogantes surgen todos los días: ¿Por qué después de varios años de vida piadosa, de repente vino el cambio y lo que aparentemente iba en evolución, comenzó a involucionar? ¿No será que ha surgido un proyecto que impide continuar con el crecimiento espiritual y que interrumpe la vida devocional?

Este proyecto negativo denominado "La

Ingeniería del Alma Impía" no respeta si el creyente tiene muchos años viniendo a la iglesia o no. Si ha nacido de nuevo hace unas décadas o solo unos meses. Si es un ministro o no, si es un salmista, ni cuál es su sexo. Solamente tratará de impedir que un ser tripartito persevere hasta alcanzar el calificativo de irreprensible.

La esfera almática es realmente muy complicada, sin embargo, la tarea de un ministro que ejerce en el Pastorado le es necesario indagar profundamente para conocer de cerca los patrones de conducta y los diferentes estados de una alma, esto es como de tal manera un médico cirujano que conoce profundamente de procedimientos quirúrgicos complejos.

Para poder llegar al estado de prosperidad de un alma, será necesario cumplir y mantener requerimientos que no permitan enredos, ni caer en un sistema de vida pactada sin entender el significado de un pacto espiritual. Esto se lleva a cabo por medio de conexiones o relaciones falsas, dicho en otras palabras unión de yugo desigual, lo cual implica muchas cosas que debemos ver detenidamente. Por ejemplo: vida de pactos, votos, alianzas; algunas son verdaderas y de buen resultado, sin embargo, el punto a tratar es lo que lleva a caer en un sistema contrario al cual debería ser de acuerdo a la voluntad de Dios. Dicho sea de paso, existe el verdadero Pacto entre dos personas por medio del Pacto matrimonial. Que este material sea una herramienta que le ayude a detenerse y darse cuenta del tiempo que ha caminado, evaluarlo y a conciencia llegar a una conclusión. Evitando de esta manera que se forme en su vida un proyecto que aprovecha fuertemente el reino de las tinieblas para llevar a muchas vidas a la involución total.

INTRODUCCIÓN

Considerando el trabajo espiritual que como pastor debo desempeñar, he llegado a la conclusión que necesito conocer cada día y cada vez más acerca del tema del alma, porque eso es cómo la materia prima con la que tengo que trabajar fielmente para cumplir el llamamiento y asignamiento que Dios me ha hecho.

Esta misma necesidad me ha llevado a ser más observador en estos últimos años y analizar algunos patrones de la vida cristiana que un gran porcentaje de hijos de Dios viven, todo esto me ha permitido adquirir algún conocimiento que intento plasmar en este libro con la intención de equipar, auxiliar y advertir a otros sobre cosas que se deben de cuidar para no caer en proyectos malignos que buscan afectar la obra de Cristo y del Espíritu Santo en nuestra alma.

Entre mi observación he notado que algunos creyentes aparentan ser fuertes, buscadores y hambrientos de Dios, radiantes de la gloria de Dios y la unción de Dios incrementa en sus vidas cada día.

Pero en materia de tiempo:

Aquella búsqueda y fuerza de Dios de momento desapareció, y eso porque algo llego a la vida de la personas que los hizo cambiar el ritmo que llevaban; de manera que la persona comenzó a actuar casi irracionalmente, de manera extraña, porque algo poderoso comenzó a dirigirlo diferente o alguien comenzó a decirle cosas diferentes, al grado que su vida vino a ser diferente. ¿En qué consistió el cambio?

La respuesta:

Las personas habían perdido su enfoque en Dios y se tornaron en una copia de otros cristianos que ya habían menguado en su fe y en sus vidas toda la riqueza espiritual, de manera que se suman al gran número de creyentes que pierden el compromiso con Dios y la responsabilidad de mantener una vida piadosa para agradar a nuestro Salvador.

Los Efectos de perder el enfoque en Dios.
La pérdida del enfoque en Dios es la razón número uno por la cual la gente experimente o caiga en lo que he llamado "La ingeniería de una alma impía". Perder el enfoque en Dios es intentar vivir varios estilos de vida pero no el correcto que Dios espera que sus hijos vivan. La única verdad y garantía que nuestra vida piadosa

siga creciendo es que no apartemos nuestra mirada de Cristo. Si Dios es tu enfoque principal, tú vivirás de una sola manera o un solo estilo de vida. Pero si vienes hacer dividido en tu enfoque o si el enfoque ha sido dominado caerás o serás víctima de "La ingeniería del alma impía"

– Los Enredos de la Vida –

Mucha gente tiene demasiados estorbos en sus vidas y no saben cómo trabajar con ellos para poder ser libres. Ahora quiero decirte o recordarte que Dios está en el proceso de enseñarle a su gente como deshacer los enredos de su vida. Esta enseñanza tiene la intención de ayudarle a las personas a identificar las ataduras y llegar a conocer cómo trabajar con ellas hasta alcanzar la libertad completa de sus almas y vida interior.

Comencemos entendiendo lo siguiente:

La libertad es un proceso, no siempre es inmediata aunque legalmente somos libres desde el punto de vista de la salvación, experimentalmente, saboreamos la libertad nivel tras nivel. Es por eso que he dicho en varias ocasiones que hay niveles de libertad y que depende de cada creyente que nivel desea tener.

1. En el Antiguo Testamento los Israelitas destruyeron a sus enemigos en Canaán poco a poco, liberándose gradualmente a la manera que obedecieron a Dios.
2. En el Nuevo Testamento nosotros vamos siendo transformados de gloria en gloria a la manera que obedecemos a Dios.

El principio de los niveles de la libertad es:

Que cada uno de nosotros solo podremos experimentar un nuevo nivel de libertad si hemos tenido suficiente libertad en el nivel anterior o en el nivel que se está ahora.

Ejemplo: Un día tú dices: "Yo rehúso ser un fracasado, yo rehúso continuar en esta depresión, yo rehúso perder la misma batalla" Ese anhelo de libertad se convertirá no solo en una confesión sino en un clamor que Dios responderá y te alumbrará para que sepas qué es lo que hay que hacer para llegar a ser libre. Cuando un hijo de Dios declara y rehúsa continuar en esa atadura, su declaración viene a ser un decreto legal y eso produce a la vez como un nacimiento espiritual de una fuerza en el interior del alma para ser más que vencedor, una fuerza que surge desde adentro para fortalecernos y así continuar con el proceso que sea necesario hasta llegar al disfrute de la libertad total.

Otra de las cosas que Dios hace cuando clamamos a Él por nuestra libertad es que nos alumbra con su luz para poder ver los patrones de asalto que el enemigo usó en contra del alma. De esa manera podemos trabajar en nuestra vida, con la familia y podremos también ayudar a otros que están experimentando el mismo problema.

Para entender este problema, quiero primeramente definir el concepto a lo que yo he llamado la ingeniería del alma impía. Esta es una definición muy personal que he usado siempre para dar a entender en qué consiste este proyecto de las tinieblas que trata de hacer que nuestra alma se vuelva impía y/o que involucione antes de la parusía del Señor en las nubes, y así perdamos el evento del arrebatamiento.

1 Tesalonicenses 5:23 *RVR1995*
Que el mismo Dios de paz os santifique por completo; y todo vuestro ser −espíritu, alma y cuerpo− sea guardado irreprochable para la venida de nuestro Señor Jesucristo.

La Ingeniería del Alma Impía

1

La ingeniería de un alma impía significa, "Conjunto de técnicas que destituyen de la reverencia". Cuando un creyente es destituido de la reverencia, el siguiente paso es que la presencia de Dios no encuentra las condiciones legales y espirituales para hacer sentirse en la persona y/o en un ambiente porque la presencia de Dios para manifestarla, siempre requerirá de una atmósfera la cual es la vida piadosa que mantiene el creyente.

Un alma impía es:

Cuando las emociones, la mente, y la voluntad de una persona llegan a <u>enredarse</u> al punto de involucionar causando que los pensamientos del individuo ya no sean propios, sino que pasan a ser controlados por una entidad espiritual o por alguna persona que causo la atadura en su alma.

<u>El alma impía</u>: Ocurre cuando una persona abandona la vida piadosa o el desarrollo de esta y es antinatural y/o inmoderadamente afectada por la voluntad, las emociones y los deseos de otra persona o de la entidad que causa la atadura.

Las ataduras pueden ser como consecuencia de haberse enredado con otra persona, o haberse enredado en el mundo de otra persona sea este un mundo secular o un mundo espiritual.

La víctima de la ingeniería:

Esto le puede pasar no solo a los nuevos creyentes sino a la gente que tiene años de conocer al Señor pero ha descuidado el estado de la vida piadosa. Ya sea por ignorancia o por irresponsabilidad o se confió en sí mismo. Recordemos que está escrito, "Que el que está firme mire que no caiga" (1 Corintios 10:12).

La ingeniería del alma impía no respeta si el creyente tiene muchos años viniendo a la iglesia o no. Si tiene de nacido de nuevo décadas o meses. Si es un ministro o no, si es un salmista, y cuál es su sexo. Para entender más, acerca de la ingeniería de un alma impía, veremos primeramente el orden original del alma y el significado de la verdadera libertad.

Según la Biblia, por lo menos hay tres clases de almas, una es el alma piadosa o pía, otra es el alma impía y otra es el alma inicua; estas dos últimas han experimentado una involución en sus almas, y el camino para que eso ocurra es lo que desarrolla la ingeniería y por lo cual y con la ayuda del Espíritu Santo explicaremos en este libro.

– El Orden de la Casa del Alma –

El hombre es **un** espíritu, que tiene un alma y que vive en un cuerpo. Los humanos somos seres tripartitos y eso está establecido en las Escrituras. 1 Tesalonicenses 5:23

Podemos decir que le hombre es una casa con tres compartimientos.

1. Nuestro espíritu esta resucitado y a salvo desde el punto de vista de la salvación.
2. Nuestra alma esta salva y siendo liberada con la verdadera libertad. (Está en un proceso), nuestra alma es salva constantemente.
3. Nuestra cuerpo será salvo en la parusía secreta de Cristo.(Transformado y glorificado)

Eso significa que el hombre ha sido diseñado para vivir desde la tierra en comunión con Dios a través del espíritu, del alma y del cuerpo. El anhelo de Dios siempre ha sido que nuestra casa le sirva a Él como una sola casa con tres funciones. Porque una casa dividida contra sí misma no permanece, según Lucas 11:17

Cada parte del hombre es una esfera completa con sus propios disfrutes y sus propias maneras de explorar la vida. En esta ocasión estamos enfocados en explorar el alma solamente por eso abundaremos más en esta esfera intermedia o la que intercala entre el espíritu humano y el cuerpo.

– Viviendo de Adentro Hacia Fuera –

La esfera del alma consiste en emociones, en mente, en voluntad e intelecto. La mayor parte de las batallas que encaramos en la vida realmente se llevan a cabo en la esfera **almática**. Desde este punto de vista al decir almática no me refiero a carnalidad, sino a las áreas del hombre donde hay conflictos. Es decir, que hay muchas áreas dentro del alma que se ven involucradas y por eso es una **esfera** almática.

Las esferas almáticas son:

- Nuestras emociones.
- Nuestra mente.
- Nuestros pensamientos.
- Nuestras memorias.
- Nuestra voluntad.
- Nuestros deseos.
- Nuestras imaginaciones.

La Ingeniería del Alma Impía

Esas áreas siempre están bajo ataque satánico, esas aéreas son constantemente obligadas a tomar una decisión a través de ataques que el enemigo de nuestra alma desarrolla con participación de agentes de las tinieblas.

<u>Si el enemigo gana:</u> Tomará el control sobre la voluntad y eso significa que contralará sobre "<u>lo que quieres</u>", "<u>tu memoria</u>", "<u>tus pensamientos</u>" y "<u>tus decisiones</u>".

Provocando que la voluntad sea manipulada, la vida y el cuerpo sea reducida al nivel más bajo del destino que Dios ha preparado para cada uno. Esto es totalmente lo contrario de lo que Dios desea nuestra alma y es lo que el apóstol Juan nos dice en una de sus epístolas.

3 Juan 1:2 ^{LBLA}
*Amado, ruego que seas **prosperado en todo** así como **prospera tu alma**, y que tengas buena salud.*

Dios quiere que experimentemos nuevos niveles en Él. Pero hay una condición; la condición está en el verso citado anteriormente y se refiere a la prosperidad de nuestra alma.

La declaración del Apóstol Juan:

La esfera **almática**, los pensamientos, la memoria,

la voluntad y el intelecto tienen que ser sanados en orden de ser prosperado en cada área de nuestra vida. La palabra sanados desde este punto de interpretación, significa que la esfera **almática** debe de volver a ser piadosa y eso es la **restauración** del alma.

Cuando una persona prospera interiormente, algo comienza a pasar en el exterior también. Lo que viene del interior se manifestará en el exterior y la prosperidad se manifestará en todas las áreas de la persona.

– Falta de Prosperidad en el Alma –

La falta de prosperidad en el alma se denota por ciertas normas de conducta por ejemplo:

- Malas actitudes.
- Amargura.
- Falta de perdón.
- Resentimiento.
- Ira y constante soledad.
- Memoria afectada, un pasado creando tu futuro, etc.

– La Prosperidad del Alma –

Por otro lado hay muchas señales de una alma

próspera, pero yo solamente le daré unas cuantas que considero esenciales.

Uno de los grandes atributos de una alma próspera es la recuperación del "dominio propio". Dominio propio significa que nuestra vida no está determinada por circunstancias. No está determinada por el pensamiento de otros. Hemos sido diseñados para tener control de nuestra propia vida, somos los encargados de nuestra propia vida.

Cuando tu alma es próspera nadie te puede obligar a ser lo que no quieres ser; sino que estás definido ser lo que Dios quiere que seas. Tus emociones, tus expectaciones, y tu vida no están en las manos de otras personas sino de Dios.

– El Dominio Propio –

Es la habilidad de hacer decisiones en Dios y seguirlas hasta el punto de saber qué hiciste lo correcto.

Señales de un alma próspera que tiene dominio propio:

1. Habilidad de reaccionar en situaciones diversas de manera realística.
   - Si alguien no sabe dominarse, cualquier

pequeño problema lo desubica de sí mismo.
- Si usted está en control de su alma un problema temporal no le causara que reaccione de manera drástica.

2. Habilidad para saber relacionarse con diferentes personas.
- Mucha gente por ser muy perfeccionista no logra encontrar o mantener relaciones permanentes.
- El racismo entre latinos es una señal de un alma no prosperada por no saber relacionarse con otra gente.
- Gente así no tiene **comunión** con nadie, de manera que se condena a sí misma a terminar rodeada de gatos por qué no puede tener comunión con otras personas.

3. Habilidad de responder apropiadamente a la legítima autoridad sin sentirse amenazado.
- Dios estableció diferentes clases de autoridad en cada esfera de la vida.

Hay gente que tiene problemas de esta clase, si está en la casa tiene problemas con sus padres, si estudia tiene problemas con el profesor, en su trabajo con su jefe, en la iglesia con el pastor, en la calle con las autoridades públicas. Cuando alguien tiene problemas con la autoridad, eso es señal que algo malo pasa en el interior de la persona y eso no le permite tener una vida piadosa. Habiendo explicado brevemente algunas cosas comenzaremos a detallar que es "La ingeniería de un alma impía" y los efectos devastadores en un individuo.

Recordemos la definición de un alma impía:

La ingeniería de un alma impía se define como el haberse enredado con otra persona, enredado en el mundo de otra persona.

Un alma impía es: Cuando las emociones, la mente, y la voluntad de una persona llegan a enredarse al punto donde los pensamientos ya no son propios.

El alma impía: Ocurre cuando una persona es antinatural e inmoderadamente afectada por la voluntad, las emociones y los deseos de otra persona.

La formación de ataduras impías:

Existen varias formas para que se dé lugar a ataduras impías. Iniciare mencionando la forma más común.

La Ingeniería del Alma Impía

La Atadura Formada Dentro de la Familia

2

La Atadura Formada Dentro de la Familia

La formación de ataduras de un creyente casi siempre comienza en su propia casa o familia. Es imposible impedir que cuando se nace dentro de una familia, nuestra alma no venga a ser involucrada naturalmente con el resto de la familia.

Cuando alguien nace dentro de una familia, hay un vínculo común establecido, llamare a eso el cordón umbilical almático, originalmente esto es plan de Dios para que la familia ayude al nuevo miembro a encontrar su destino. Los padres instruyen a sus hijos para que al crecer no se aparten del camino, sin embargo la falta de entrenamiento adecuado de los padres da lugar a ataduras.

***Proverbios* 22:6** *RVR1960*
Instruye al niño en su camino*; y aun cuando sea viejo, no se apartará de él.*

Desafortunadamente muchas familias no funcionan de esta manera, no tratan de ayudar a otro a encontrar y cumplir con el destino de Dios. Dando lugar a que el vínculo común y familiar se convertirá en una atadura que amarra y limita.

— La Atadura Impía Familiar —

Cuando los padres no entienden el vínculo familiar y no instruyen a sus hijos, da lugar a que se inicie la ingeniería del alma impía. La atadura familiar opera en manipulación y control. Eso significa que ellos tratan que el hijo dependa de ellos todo el tiempo y eso involucra pensamiento, acciones y decisiones.

Nuestra responsabilidad como padres es orar por nuestra familia pero nosotros no somos responsables por sus acciones y actitudes. Nosotros como hijos debemos honrar nuestra familia pero no perder ni un milímetro de nuestra fe y perseverancia en Dios.

Josué 24:15 LBLA
Y si no os parece bien servir al SEÑOR, escoged hoy a quién habéis de servir: si a los dioses que sirvieron vuestros padres, que estaban al otro lado del río, o a los dioses de los amorreos en cuya tierra habitáis; **pero yo y mi casa, serviremos al SEÑOR.**

El punto que quiero tocar es que nadie logrará ser un entrenador efectivo para nuestra familia, sino uno que tuvo un entrenamiento en su fase previa, es decir, cómo entrenaremos como padres si no fuimos entrenados, esto es el siguiente tema.

– Adultos Sin Entrenamiento –

La intención es que podamos identificar aquellas áreas en donde necesitamos más instrucción. La instrucción divina que nos llevara a "Sanar y Reparar" nuestras familias de toda atadura hasta que lleguen a ser familias fuertes y sanas. La única manera para que eso ocurra es que removamos algún tipo de antifaz de nuestros rostros es decir "Quitar estragos y secretos" que no permiten que nuestras familias sean completamente feliz.

En orden para sanar y reparar nuestras familias debemos enfrentar nuestra realidad.

Proverbios 22:6 LBLA
Enseña al niño el camino en que debe andar, y aún cuando sea viejo no se apartará de él.

Salomón, al dejar este consejo tenía algo en mente y estoy seguro que era "Sanar y Reparar" asuntos de carácter familiar. Este consejo no solo demuestra la realidad de un hijo sino también la responsabilidad de los padres.

– La Batallas de Toda Familia –

Hay consejos que nos evitan batallas innecesarias, lo que Salomón dice en Proverbios 22:6, es uno de

La Atadura Formada Dentro de la Familia

esos consejos. Esta es la información de un censo realizado en una zona rural del Estado de Virginia en USA: el inspector llegó a una casa y buscó a los padres de familia para saber cuántos vivían en esa casa. A continuación está la conversación que surgió:

"¿Dónde está tu Padre?" dijo el inspector.

"En la cárcel", respondió el muchacho.

"¿Y tu Madre?"

"Al caer mi padre en la cárcel mi madre se volvió a casar y no me quiso llevar con ella."

"¿Hay más hermanos en casa?"

"Sí, mi hermana."

"¿En dónde se encuentra ella?"

"En un centro de rehabilitación. Sale en 90 días."

"¿Algún otro hermano?"

"Está en Harvard", al preguntar el inspector qué era lo que estudiaba su hermano, el muchacho le volvió a contestar, No, él no estudia, a él lo están estudiado porque murió de manera extraña."

Todos los miembros de una familia batallan con alguna cosa, es decir que está peleando contra algo, resultado de la falta de un **entrenamiento** apropiado y como consecuencia víctima de una atadura.

– La Pseudo Familia –

Al conflicto de la paternidad o padres sin entrenamiento le sumamos los estilos de vida familiar que son influenciados por medio de la TV.

En la sociedad Norteamericana (USA):

En el año de 1950 se inicia una nueva era de programación de TV, con ejemplos de estilos de vida familiar (estas, sin lugar a dudas, son pseudo familias). Dando de esa manera la idea del estilo de vida familiar. De manera que la gente no sabe cómo se mira en realidad una familia típica entrenada adecuadamente.

El surgimiento de programas televisivos que introdujeron una idea distorsionadas acerca de las familias:
- En los años 60s y 70s, el programa que presenta a la familia Adams.
- En los 80s, la familia Jefferson y la familia Simpson.

La Atadura Formada Dentro de la Familia

- En los 2000s hasta el presente como *American Dad* (Padre Americano), *The Cosby Show, Roxana, Family Guy*, etc.

De manera que hay una desinformación de la verdadera familia dando lugar que los adultos sean sin entrenamiento familiar. La gente es lo que mira en su casa y eso es lo que Dios quiere hacernos comprender para sanar y reparar todas esas fallas.

La orden de Salomón:

Según Proverbios 22:6 Salomón está diciendo que entrenemos a nuestros hijos.

Proverbios 22:6 LBLA
Enseña al niño el camino en que debe andar, y aún cuando sea viejo no se apartará de él.

Otra versión dice: **entrena** (VNM) Esta es como una orden para que la vida del niño sea efectiva. Salomón está hablándole a los padres que entrenen a sus hijos, como entrenar si no hay quien explique el entrenamiento.

La realidad de un entrenador:

¿Cómo ser los entrenadores efectivos de nuestros hijos si no se posee la información necesaria para **entrenarlos**?

Sin entrenamiento:

Si los adultos encargados del entrenamiento no fueron entrenados por sus padres, ¿cómo lo harán? En otras palabras, si crecimos sin entrenador, ¿cómo entonces vamos a entrenar adecuadamente a los hijos? Ya que nuestro crecimiento fue sin entrenamiento.

Los entrenadores:

1. Entrenadores sin entrenamiento.
2. Entrenadores adolescentes.
3. Padres demasiado jóvenes que aún están en la etapa de ser entrenados.
4. Entrenadores que nunca fueron niños.

Adultos que tratan de ser adultos, cuando nunca se desarrollaron como niños. Desde su infancia los introdujeron al mundo de los adultos por medio de trabajos, responsabilidades, tratos, etc. Eso significa que muchos adultos están tratando de funcionar en disfunción (desarreglo en el funcionamiento). Este tema será como una guía para tener victoria a pesar que no nos dieron el entrenamiento que necesitábamos para entrenar a nuestros hijos.

Los esposo sin entrenamiento:

Lo primero que debemos hacer para tener **éxito**

es: "Ser conscientes" que podemos estar casados con un cónyuge que no tuvo entrenamiento o puede ser que ninguno de los dos tuvieron el entrenamiento adecuado.

Los factores de la falta de entrenamiento:

Alguien dijo una vez que el amor es ciego pero que el matrimonio le abre los ojos. Dijo eso al descubrir muchas cosas en su pareja que no se dio cuenta antes de casarse. Cuando usted se casó con su pareja, usted ignoraba con quién estaba casado, es decir, usted desconocía que con quién se casó no sabía cómo ser esposo(a). Porque el(la) nunca vio en su etapa de niño(a) como se desarrolla un buen esposo(a).

- Cuando nos casamos, nuestra pareja ignoraba que con quien se casó, <u>no sabía perseverar</u> en los momentos difíciles. Porque cuando fue niño(a) miraba que cuando tenían problemas sus padres, uno de ellos se iba de la casa.

- Cuando nos casamos, con nuestra pareja ignoraba que con quien se casó, <u>no entendía la paternidad</u>. Porque cuando fue niño(a) miraba que sus padres no actuaban como tal, sino que vivían faltándose el respeto uno a otro.

- Cuando nos casamos, nuestra pareja ignoraba que con quien se casó, <u>no sabía</u>

<u>por cual camino ir</u>. Porque a la edad de 14 años hizo su propia decisión sin dirección correcta en su vida y fue por el camino equivocado.
- Cuando nos casamos, nuestra pareja ignoraba que con quien se casó, ya que <u>no sabía hacer lo correcto</u>. Porque nadie le dio ejemplo para hacer lo correcto, solo lo presionaban para hacer lo bueno, pero no lo entrenaron a hacer lo correcto.

– *Fotografía Clínica de la Familia* –

Los expertos en el tema familiar estudiaron las diferentes clases de paternidad que los adultos ejercen sobre sus hijos. Ellos dicen que una familia con tres hijos puede dar lugar a que sus padres sean diferentes padres con cada hijo, dando lugar a que cada hijo tenga diferentes anhelos en la vida y diferente camino. Entonces existen los siguientes tipos de hijos:

- Hijos criados por los mismos padres.
- Hijos dentro de la misma casa.
- Hijos con el mismo ADN.

Pero al final tuvieron caminos diferentes porque sus padres fueron diferentes en carácter para criar a los hijos en cada etapa. La razón de que los padres criaron diferente a los hijos, dependió del estado de vida que tenían cuando vinieron hacer padres.

Los tiempos de nuestros hijos:

1. <u>El primer hijo:</u> Clase de paternidad basada en la emoción. Es posible que fuera planeado, es considerado como una nueva frontera, es causa de gran regocijo para los padres. Es el primero pero no tiene un liderazgo.

2. <u>El segundo hijo:</u> Clase de paternidad basada en tener un compañero para el primer hijo. Buscando el equilibrio, una parejita, (niña y niño); este segundo tiene un líder que es el hermano mayor, este copia y quiere todo lo que el otro tiene y cada vez que recibe algo lo compara con lo que tiene el primer hijo.

3. <u>El tercer hijo:</u> Clase de paternidad basada en un error. Estadísticas dicen que un 79% de padres son presionados por lo financiero y a raíz de eso consideran el tercer hijo un error.

Pero a la vez este hijo tiene más creatividad que los demás, es más despierto que sus hermanos, piensa más allá que los demás hijos. Cada una de estas situaciones lleva a que cambie mentalmente la manera de paternidad. Se le atribuyen que el carácter en cada etapa de la paternidad fue adoptado por accidente.

Si las fallas no se corrigen:

Muchos hijos crecerán de manera disfuncional si los padres no corrigen las fallas en su vida. Los hijos serán padres que fallarán también en sus cargos. Es decir que el ciclo será el mismo, adultos sin entrenamiento.

Hay una primera falla que se debe corregir y es darle importancia a la familia. Las actividades a las que menos asiste la gente de la iglesia es las de carácter familiar, Dios a todos nos da la oportunidad de que **poseamos** el éxito a la luz de las fallas de nuestros padres.

Los efectos de ser hijos de padres sin entrenamiento:

La Biblia habla por sí sola nos deja ver los efectos dolorosos de ser hijos de adultos sin entrenamiento. Daré ejemplos de familias que encontramos en las escrituras para que nadie se sienta aludido y para darnos cuenta que Dios ha estado tratando de que su pueblo entienda la necesidad de "Sanar y Reparar" esta área familiar.

***Proverbios* 22:6** <u>LBLA</u>
<u>Enseña al niño</u> *el camino en que debe andar, y aun cuando sea viejo no se apartará de él*

Este verso es leído para los padres y no va dirigido a los hijos. El asunto es que nosotros los padres no sabemos cómo **entrenar** a nuestros hijos, pero Dios nos está dando la **oportunidad** de aprender a ser buenos entrenadores. El asunto es que fuimos hijos sin entrenamiento y Dios nos da la oportunidad para ser re-entrenados y así poder ser buenos entrenadores.

Menciono esto basado en: ¿Cómo se va a <u>entrenar a un hijo</u> para que tenga <u>dirección</u> en la vida <u>si los padres no fueron entrenados</u> y no tuvieron <u>dirección</u> en su vida? En otras palabras, podemos ser adultos disfuncionales criados por otros adultos disfuncionales. Por esa razón creo con todo mi corazón que Dios ha dejado **una oportunidad** para los padres que desean desesperadamente ser buenos **entrenadores** de sus hijos. Veamos algunos ejemplos bíblicos de los conflictos familiares y la falta de entrenamiento correcto.

-1- Hijos en Peligro de Muerte Dentro de su Propia Casa -

2 Reyes 11:1-3 LBLA

¹ Cuando Atalía, madre de Ocozías, vio que su hijo había muerto, se levantó y exterminó a toda la descendencia real. ² Pero Josaba, hija del rey Joram, hermana de Ocozías, tomó a Joás, hijo de Ocozías, y lo sacó furtivamente de entre los hijos del rey a quienes estaban dando muerte, y lo puso a él y a su nodriza en la alcoba. Así lo escondieron de Atalía, y no le dieron muerte. ³ Y estuvo escondido con ella en la casa del SEÑOR seis años, mientras Atalía reinaba en el país.

Dios destruyo a Ocozías por que le desobedeció. Porque sería un padre que no entrenaría apropiadamente a sus hijos. Y su abuela en vez de protegerlos trato de matar a toda la descendencia.

Dios siempre da una oportunidad:

2 Reyes 11:12-15 LBLA

¹² Entonces Joiada sacó al hijo del rey y le puso la corona, y le dio el libro del testimonio; lo hicieron rey y lo ungieron, y batiendo palmas, gritaron: ¡Viva el rey! ¹³ Al oír Atalía el ruido de la guardia y del pueblo, se llegó al pueblo en la casa del SEÑOR, ¹⁴ y miró, y he aquí el rey estaba de pie junto a la columna, según la costumbre, y los capitanes y los trompetas estaban al lado del rey; y todo el pueblo del país se regocijaba y tocaba trompetas. Entonces Atalía rasgó sus vestidos,

La Atadura Formada Dentro de la Familia

y gritó: ¡Traición, traición! ¹⁵ *Pero el sacerdote Joiada dio orden a los capitanes de centenas que estaban al mando del ejército, y les dijo: Sacadla de entre las filas, y al que la siga, matadlo a espada. Porque el sacerdote había dicho: No la matéis en la casa del SEÑOR.*

<u>La explicación es la siguiente:</u> El sacerdote Joiada, Dio órdenes que no la mataran dentro de la casa del Señor, para que no activaran el ciclo o el recuerdo de cómo su vida estuvo en **peligro de muerte** dentro de su propia casa.

El Entrenamiento:

El sacerdote <u>Joiada,</u> figura de un **padre** espiritual, le dio un **entrenamineto** a <u>Joas</u> para que nunca diera muerte a alguien de su familia dentro de su propia casa.

Esto es solo un ejemplo de la necesidad de **entrenar** a los hijos para <u>que no se repita la historia de dolor</u> y de fallas. El entrenamiento aquí es: no hagas, no pongas en peligro, no des muerte a tus hijos en tu casa de adulto para que no se repita lo que te hicieron a ti en tu casa de niño, el **entrenamiento** es, no mates el **potencial** de tus hijos en casa.

-2- Hijos Escondidos Fuera de su Propia Casa -

1 Samuel 16:11-13 LBLA
¹¹ Y Samuel dijo a Isaí: ¿Son éstos todos tus hijos? Y él respondió: Aún queda el menor, que está apacentando las ovejas. Entonces Samuel dijo a Isaí: Manda a buscarlo, pues no nos sentaremos a la mesa hasta que él venga acá. ¹² Y envió por él y lo hizo entrar. Era rubio, de ojos hermosos y bien parecido. Y el SEÑOR dijo: Levántate, úngele; porque éste es. ¹³ Entonces Samuel tomó el cuerno de aceite y lo ungió en medio de sus hermanos; y el Espíritu del SEÑOR vino poderosamente sobre David desde aquel día en adelante. Luego Samuel se levantó y se fue a Ramá.

David fue un hombre que batalló con el rechazo y eso es como tener una familia, pero estar escondido de ellos. David llegó a ser un hombre conforme el corazón de Dios escogido para defender a su familia.

1 Samuel 17:22 LBLA
²² Entonces David dejó su carga al cuidado del que guardaba el bagaje y corrió a la línea de combate y entró a saludar a sus hermanos.

1 Samuel 17:33-36 LBLA
³³ Entonces Saúl dijo a David: Tú no puedes ir contra este filisteo a pelear con él, porque tú eres un muchacho y él ha sido un guerrero desde su juventud.

La Atadura Formada Dentro de la Familia

³⁴ Pero David respondió a Saúl: <u>Tu siervo apacentaba las ovejas de su padre,</u> y cuando un león o un oso venía y se llevaba un cordero del rebaño, ³⁵ <u>yo salía tras él, lo atacaba, y lo rescataba de su boca; y cuando se levantaba contra mí</u>, lo tomaba por la quijada, lo hería y lo mataba. ³⁶ Tu siervo ha matado tanto al león como al oso; y este filisteo incircunciso será como uno de ellos, porque ha desafiado a los escuadrones del Dios viviente.

David no tenía la imagen de su padre, pero tenía el corazón de su madre, sus hermanos mayores tenían la imagen de su padre pero no tenían el corazón de su madre. De manera que existe una diferencia en la creatividad de una persona por esa razón.

Gen producido por el dolor:

La familia cambia cuando un padre falta en casa, sea por muerte, separación, abandono, etc. Ese dolor genera un nuevo GEN en su ADN.

1. <u>Si el padre falta</u> / El hijo genera o produce un GEN de rebelión.
2. <u>Si la madre falta</u> / El hijo genera o produce un GEN de creatividad.

En la Biblia nunca se habla de la madre de David, es posible que su madre había muerto o que no estaba en casa. Si la madre hubiera estado allí, hubiera sido la primera en decir hay un hijo más, el dolor que vivió David a causa del rechazo de su padre creó en él un GEN en su ADN de creatividad. David fue un hombre que escribió Salmos, fue el hombre que aprendió a vivir y luchar contra bestias para poder sobre vivir.

Dios siempre da una oportunidad:

1 Samuel 13:14 LBLA
Pero ahora tu reino no perdurará. <u>El SEÑOR ha buscado para sí un hombre conforme a su corazón</u> y el SEÑOR le ha designado como príncipe sobre su pueblo porque tú no guardaste lo que el SEÑOR te ordenó.

En la Biblia se habla solo de dos hombres conforme al corazón de Dios, uno fue Samuel, quien ungió a David de manera que es hijo espiritual de Samuel y por eso David era conforme al corazón de Dios. David canalizó la relación que no tenía con su madre hacia Dios, David canalizó la relación que no podía tener con su padre hacia Dios.

El entrenamiento:

David canalizó todo lo que aprendió en el rechazo para proteger a su familia.
El rechazo lo llevó a desarrollar un carácter de combate peleando contra bestias y más tarde para defender a sus hermanos y/o familia. David

buscaba que su familia tuviera **confianza** en él. El entrenamiento aquí es el dolor que sufriste en tu casa en la etapa de niño. No trates de vengarlo en tu casa de adulto descargando sobre tus hijos el dolor de la amargura sino, al contrario, pelea por ellos y hazlos sentir en **confianza**.

-3- Hijos Heridos por la Guerra de Sus Padres -

2 Samuel 4:4 LBLA
Y Jonatán, hijo de Saúl, tenía un hijo lisiado de los pies. Éste tenía cinco años cuando de Jezreel llegaron las noticias de la muerte de Saúl y Jonatán, y su nodriza lo tomó y huyó, pero sucedió que en su prisa por huir, él se cayó y quedó cojo. Su nombre era Mefiboset.

Saúl y Jonatán habían muerto en la guerra y la nodriza por accidente lo dejó caer al piso. La nodriza es figura de gente cercana a la familia que lastima a los hijos, el 70% de los hijos molestados es por gente cercana a la familia, esto involucra, violados, maltratados, intimidados, asaltados, etc.

Mefiboset significa:

1. El que se levanta de la vergüenza.
2. El que siempre habla mal o negativo.
3. El que habla con reproche.

Eso significa hijos que hablan con actitud de violencia, con ira, cortantes en su conversación. Enojados todo el tiempo, hablan con maldición, hablan de su dolor y coraje. Su lenguaje habla de su corazón, nunca dicen algo lindo, cada vez que alguien habla de bendición ellos hablan de maldición, cada vez que alguien habla de gozo, ellos hablan de dolor.

Dios siempre da una oportunidad:

2 Samuel 9:5-8 LBLA

5 Entonces el rey David mandó traerlo de la casa de Maquir, hijo de Amiel, de Lodebar. 6 Y Mefiboset, hijo de Jonatán, hijo de Saúl, vino a David, y cayendo sobre su rostro, se postró. Y David dijo: Mefiboset. Y éste respondió: He aquí tu siervo. 7 David le dijo: No temas, porque ciertamente te mostraré bondad por amor a tu padre Jonatán, y te devolveré toda la tierra de tu abuelo Saúl; y tú comerás siempre a mi mesa. 8 Se postró él de nuevo, y dijo: ¿Quién es tu siervo, para que tomes en cuenta a un perro muerto como yo?

David entendió a Mefiboset y lo rescato figura de un padre espiritual. David había sido rescatado y re-entrenado por un Samuel y por eso entendía el conflicto de Mefiboset.

Lodebar:

1. Donde nada crece, no productividad.

La Atadura Formada Dentro de la Familia

2. Sin pasto, lugar donde se vive sin nada.
3. Lugar sin palabras, lugar donde nadie puede explicarte lo que te pasó (/**lo**/ significa **sin** y /**debar**/ significa palabra y por eso Lodebar es el lugar sin explicación).

Hijos de linaje real en lugares donde nada crece, hijo de un rey sin productividad de vida, sin trabajo, deprimido y sin que nadie les explique porque experimentan todo eso. Pero a pesar de todo eso era hijo de un rey; eso lo reconoció David y lo envió a traer. David sabía que no era culpa de Mefiboset el estado de vida que tenía porque fue hijo de adultos sin entrenamiento.

2 Samuel 9:7-13 LBLA

⁷ *David le dijo: No temas, porque ciertamente te mostraré bondad por amor a tu padre Jonatán, y te devolveré toda la tierra de tu abuelo Saúl; y tú comerás siempre a mi mesa.* ⁸ *Se postró él de nuevo, y dijo: ¿Quién es tu siervo, para que tomes en cuenta a un perro muerto como yo?* ⁹ *Entonces el rey llamó a Siba, siervo de Saúl, y le dijo: Todo lo que pertenecía a Saúl y a su casa, lo he dado al nieto de tu señor.* ¹⁰ *Y tú, tus hijos y tus siervos cultivaréis la tierra para él, y le llevarás los frutos para que el nieto de tu señor tenga alimento; sin embargo, Mefiboset, nieto de tu señor, comerá siempre a mi mesa. Siba tenía quince hijos y veinte siervos.* ¹¹ *Respondió Siba al rey: Conforme a todo lo que mi señor el rey mande a su siervo, así hará tu siervo. Y Mefiboset comió a la mesa de David como*

uno de los hijos del rey. ¹² Mefiboset tenía un hijo pequeño que se llamaba Micaía. Todos los que moraban en la casa de Siba eran siervos de Mefiboset; ¹³ pero Mefiboset moraba en Jerusalén, porque siempre comía a la mesa del rey. Estaba lisiado de ambos pies.

La mesa significa comunión y estar sentado en ella significaba ser cubierto en sus pies con el mantel que cubre la mesa (cobertura espiritual).

El entrenamiento:

Sentado a la mesa significaba que sus pies estaban cubierto con el mantel, así David cubría el caminar de Mefiboset, su pasado, David se lo protegió. Dios quiere cubrir tu pasado para que no exista vergüenza (Mefiboset) que te impida corregir tus fallas.

David hizo **sentir valioso** a Mefiboset este es un **entrenamiento** que nuestros hijos necesitan. El entrenamiento aquí es, has sentir **valiosos** a tus hijos en tu casa de adulto a pesar que a ti no te hicieron sentir lo mismo en tu casa de niño.

Tres entrenamientos importantes:

Concluimos con el siguiente resumen de tres entrenamientos importantísimos que debemos considerar.

La Atadura Formada Dentro de la Familia

1. Desarrollar el potencial de nuestros hijos y no matarlo.
2. Tener confianza en nuestros hijos y no rechazarlos.
3. Valora a tus hijos particularmente y no hagas comparaciones entre ellos.

Dios no nos está condenando por haber hecho las cosas **incorrectas**, sino que nos concede la oportunidad para corregirlas, dejándote entrenar por El para que seas buen entrenador de tus hijos. De esa forma se anula el avance de la ingeniería del alma impía en los hijos o miembros de nuestra familia.

La Atadura Formada por una Relación Impía y el Pseudo Pacto

3

La Atadura Formada por una Relación Impía y el Pseudo Pacto

La Ingeniería del Alma Impía

Primer punto de "La ingeniería de un alma impía" es caer en un sistema de vida pactada sin entender el significado de un pacto espiritual. Hay ataduras que se forman por que se da una involución en pactos, convenios o vínculos positivos. Es decir que al no permanecer y descuidar un pacto piadoso en su diseño original, la involución da lugar a que se inicie la ingeniería del alma impía. De la piedad a la impiedad, no permaneció en el estado original, por eso se llama "Ingeniería de alma impía", el antítesis del alma impía es alma pía. Pía significa piadoso(a); mientras que impía significa sin piedad o perdió la piedad.

Por ejemplo: un vínculo normal se puede volver una atadura, un pacto matrimonial al romperse se puede volver en una atadura. Explicaré esto con detalles más adelante.

Pacto: es el convenio entre dos o más personas, es como una alianza de individuos, una asociación de varias personas etc., que produce que las personas involucradas estén en mutuo acuerdo, casi en todo. La ingeniería del alma impía produce una falsificación del verdadero pacto de

Dios, y hace que por medio de un pseudo pacto las personas involucradas se sumerjan en el mundo impío de las otras personas que participan en el pacto impío. Provocando una forma de hechicería en sus almas y mentes al grado de cambiar sus pensamientos, eso es ser sumergido en el mundo de otras personas por medio de un pacto, la Biblia nos advierte al respecto.

Gálatas 3:1 *NVI*
¡Gálatas torpes! ¿Quién los ha hechizado a ustedes, ante quienes Jesucristo crucificado ha sido presentado tan claramente?

Hay personas que actúan de manera extraña porque otra persona los hechizó, los convenció. Al ser convencido por otra persona, la víctima ha perdido su identidad.

La palabra hechizado que utiliza el apóstol Pablo es #940 del diccionario *Strong*, /*baskaino*/ que significa: fascinado mediante falsas representaciones, según el diccionario *Strong*, se hechiza a una persona hablándole de manera negativa, hablar mal de alguien, calumniar, difamar, para traer el mal a uno fingiendo, encantar, embrujar.

Una persona que es cambiada en su mente o su manera de pensar, en sus emociones, en voluntad por otra. Será una persona que actuará por la influencia de otra, esto significa que él o ella ya no es dueño de sus propios pensamientos.

Significa que ambos o varios establecerán un pacto impío, y se enredan en un lazo

Definiendo:

Significa que ambos o varios establecerán un pacto impío, y se enredan en un lazo de alma impía y como resultado, se influenciarán injustamente entre ellos. En cualquier momento que usted está con otra persona y oye cosas que no son de un **alma piadosa** y que no se hace algo justo para evitar ser contaminado, en ese instante se pierde la individualidad; los pensamientos dejaran de ser propios, y usted estará permitiendo el ser influenciado injustamente, eso es un lazo del alma impía. La injusticia y el alma impía nunca producirán buenos resultados, sus actos nunca serán piadosos, sino que conducirán a la destrucción y a la ruina.

– Los Efectos de los Pactos, Votos y Alianzas –

Hay diferentes clases de ataduras y la mayor parte de los creyentes desconocen lo siguiente:

1. Las gestiones jurídicas que provocan las ataduras.
2. Los procesos que hacen caer en ataduras.
3. Los actos que dan lugar a las ataduras.
4. Y por último "Las leyes espirituales" que regirán en tu vida durante el tiempo que estén las ataduras sin romperse.

Mateo 18:18-19 LBLA
[18] De cierto os digo que <u>todo lo que atéis en la tierra habrá sido atado en el cielo,</u> y todo lo que desatéis en la tierra habrá sido desatado en el cielo. [19] Otra vez os digo que, <u>si dos de vosotros se ponen de acuerdo en la tierra</u> acerca de cualquiera cosa que pidan, <u>les será hecha por mi Padre</u> que está en los cielos.

El principio de los acuerdos voluntarios:

El verso anterior, revela el principio de los acuerdos, este principio opera en toda clase de acuerdos, es decir buenos o malos.

El hombre y casi todos sus ambientes fueron diseñados para funcionar, operar, actuar, incrementar en pactos, votos y alianzas; por supuesto de manera positiva, sin embargo, el mal uso del sistema de pactos, votos y alianzas resulta en ataduras porque el principio es el mismo, el cual es que el diseñador del sistema de pactos **los respetará** porque son de su creación o invención. Una cosa haremos para entrar de lleno al tema, y es que primero será necesario entender y aceptar que Dios es Dios jurídico o legal.

Lo jurídico de Dios:

Siendo Dios jurídico o legal, Él nunca invalidara un pacto, votos, alianzas u obligaciones que hayamos hecho de acuerdo a nuestra voluntad.

Al contrario lo respetará, lo honrará porque Él es jurídico, es decir que al respetarlo, Dios no intervendrá a favor de romper lo establecido por nosotros negativamente, hasta que nosotros lo invitemos a Él para que lo anule. Él nunca deshonrará un pacto, votos, alianza u obligaciones negativas hechas en el nivel de nuestra alma hasta que nosotros se lo pidamos y renunciemos al contrato establecido.

Salmo 50:6 LBLA
Los cielos proclamarán su justicia, <u>porque Dios es el Juez</u> (Selah)

Todo acuerdo que voluntariamente hagamos obliga a Dios a respetarlo porque Él es un Dios con perfil jurídico.

– Definición de Pactos, Votos, Alianzas y Obligaciones –

Todos nosotros debemos prestar atención a los pactos, votos alianzas y obligaciones y a la vez abstenernos de aquellos que puedan atarnos y sernos estorbo en nuestro desarrollo espiritual.

En los pactos y votos existen condiciones, promesas y obligaciones, las cuales deben ser observadas para que el mismo tenga validez.

1- Pactos:

La palabra "pacto" usada en el A.T. viene del hebreo /berit/ y significa: alianza, convenio, o acuerdo entre dos o más individuos.

Gálatas 3:15 RVR1960
Hermanos, hablo en términos humanos: <u>un pacto, aunque sea humano,</u> una vez ratificado <u>nadie lo invalida ni le añade condiciones.</u>

Denota la resolución mutua de los pactantes de cumplir con lo propuesto.

2- Votos:

Un voto es una promesa hecha verbalmente a otra persona o a Dios, ofreciéndole hacer o dar algo o abstenerse de algo en señal de fidelidad; asimismo, la palabra griega /euque/ que se traduce voto.

Eclesiastés 5:1-6 LBLA

¹ Guarda tus pasos cuando vas a la casa de Dios, y acércate a escuchar en vez de ofrecer el sacrificio de los necios, porque éstos no saben que hacen el mal. ² <u>No te des prisa en hablar, ni se apresure tu corazón a proferir palabra delante de Dios.</u> Porque Dios está en el cielo y tú en la tierra; por tanto sean pocas tus palabras. ³ Porque los sueños vienen de la mucha tarea, y la voz del necio de las muchas palabras.⁴ <u>Cuando haces un voto a Dios, no tardes en cumplirlo</u>, porque Él no se deleita en los necios. El voto que haces, cúmplelo. ⁵ <u>Es mejor que no hagas votos, a que hagas votos y no los cumplas.</u> ⁶ <u>No permitas que tu boca te haga pecar</u>, y no digas delante del mensajero de Dios que fue un error. ¿Por qué ha de enojarse Dios a causa de tu voz y destruir la obra de tus manos?

Los votos que atan el alma:

Es un vínculo que ata el alma de una persona por medio de una obligación adquirida. Un voto puede convertirse en un lazo que impida el desarrollo de un hijo de Dios, principalmente si no lo hace de acuerdo con lo que Dios ha establecido. Hay votos que no son considerados malos; se puede estar ligado por medio de votos que son buenos a cosas establecidas por Dios y que nunca deberían ser quebrantados.

3- alianzas:

La ley de la asociación dice que usted viene a ser igual con quien ha usado su tiempo.

Proverbios 13:20 LBLA
El que anda con sabios será sabio, mas el compañero de los necios sufrirá daño.

Si tú te asocias con gente injusta, la injusticia comenzará a manifestarse en tu vida. ¿Por qué es tan importante entender acerca de las alianzas? Porque el principio de las alianzas opera así:

1. Cuando Dios te va a bendecir lo hace por medio o a través de una persona.
2. Cuando Dios quiere protegerte, te aparta de una persona o aparta a la persona de ti.
3. Todo lo ha diseñado Dios para que opere en conexiones y por ello debemos saber cuál es la correcta.

– Los Elementos de los Acuerdos Negativos –

En el ámbito espiritual donde Dios se reúne con su asamblea, ahí se solicita la intervención jurídica por causa de elementos que se presentan de acuerdos negativos o positivos que son concertados voluntariamente.

Salmo 82:1 ᴸᴮᴹᴱ
(Salmo de Asaf) Dios está de pie en la asamblea divina; <u>en medio de los dioses ejerce el juicio:</u>

El siguiente verso demuestra como los espíritus presentan los elementos de juicios y así pedir la intervención de acuerdo a lo establecido o declarado en un voto, pacto, alianza u obligación.

1 Reyes 22:19-23 ᴸᴮᴹᴱ
[19] Luego dijo Micaías: --Escucha, pues, la palabra de Jehovah: <u>Yo he visto a Jehovah sentado en su trono;</u> y todo <u>el ejército de los cielos estaba de pie junto a él,</u> a su derecha y a su izquierda.[20] Entonces Jehovah preguntó: "¿Quién inducirá a Acab, para que suba y caiga en Ramot de Galaad?" Y uno respondía de una manera, y otro respondía de otra manera. [21] <u>Entonces salió un espíritu</u>, se puso delante de Jehovah y dijo: "<u>Yo le induciré."</u> Jehovah le preguntó: "¿De qué manera?" [22] Y él le respondió: "<u>Saldré y seré espíritu de mentira en la boca de todos sus profetas."</u> Y Jehovah dijo: "<u>Tú lo inducirás, y también prevalecerás. Sal y hazlo así."</u> [23] Ahora pues, <u>he aquí que Jehovah ha puesto un espíritu de mentira en la boca de todos estos tus profetas,</u> porque Jehovah ha decretado el mal con respecto a ti.

De acuerdo a los electos presentados, así son las intervenciones del ámbito espiritual (otro ejemplo fue Job de quien Satanás pidió intervenirlo jurídicamente).

1- El poder del acuerdo:

Una forma para darnos cuenta cual es el panorama delante de Dios acerca de un acuerdo, es el término que el apóstol Pablo maneja en ciertos pasajes por ejemplo:

1 Corintios 1:10 LBME
Os exhorto, pues, hermanos, por el nombre de nuestro Señor Jesucristo, a que os pongáis de acuerdo y que no haya más disensiones entre vosotros, sino que estéis completamente unidos en la misma mente y en el mismo parecer.

Este pasaje contiene elementos jurídicos de honra o respeto.

1. Acuerdos y uniones.
2. Misma mente.
3. Mismo parecer.

Esto es lo que todo juez examina y esto es lo que Dios respetará. Muchos de nosotros podemos invalidar un pacto, voto, alianza u obligación, pero sin el proceso legal de Dios pueda ser que todavía exista. Y por esa razón es que muchos creyentes están aún experimentando cosas negativas que no saben que es por un pacto, voto, alianza que no está anulado.

2- El pacto con espíritus contrarios:

Los pactos contrarios son aquellos donde la naturaleza de los participantes es diferente, sean secular, espiritual, por negocios o sentimental.

Deuteronomio 22:10 LBLA
No ararás con buey y asno juntos.

1. **El Buey** representa la naturaleza de siervo, de servicio y sacrificio. El buey es uno que fue toro y fue reducida su naturaleza violenta a través de un proceso sea capándolo o por azotes.

2. **El asno** representa la naturaleza rebelde. Pactos con espíritus contrarios siempre darán lugar a constante contradicción; Constantes estragos. No se debe de establecer pactos con personas con espíritu contrario.

3- Los votos de la voz:

Constantemente oímos voces que nos ponen ante la realidad de vivir en bendición o maldición por causa de lo que oímos y aceptamos respondiendo **sí** o **no**. La voz tiene un poder que produce un fruto dependiendo el contenido que lleva la voz.

1 Corinthians 14:10 ^{KJV}

There are, it may be, so many kinds of voices in the world, and none of them is without signification.

1 Corintios 14:10 ^{RV1909}

Tantos géneros de voces, por ejemplo, hay en el mundo, y nada hay mudo;

Proverbios 18:20-21 ^{LBME}

[20] Del fruto de la boca del hombre se saciará su estómago; él se satisfará con el producto de sus labios. [21] La muerte y la vida están en el poder de la lengua, y los que gustan usarla comerán de su fruto.

1. Lo que decimos determinara que clase de frutos obtendremos.
2. Mucha gente hace declaraciones que los han llevado a comer del fruto de lo que han declarado (el fruto de sus labios).
3. Mucha gente se queja del fruto pero no cambia su forma de hablar.

– La Atmósfera Creada –

Al hablar sin responsabilidad, sin temor de Dios, sin sabiduría creamos una atadura en el alma y una atmósfera jurídica que se encarga de hacer lo que decimos.

1. Ya no aguanto este problema, me quiero

morir, me las vas a pagar, no lo voy a olvidar, ya no creo más, nunca confiaré más, etc. Estamos haciendo votos por la voz.
2. Mucha gente tiene problemas de compromiso con Dios por haber declarado alguna forma de incredulidad.

Números 30:2 LBME
Cuando algún hombre haga a Jehovah un voto o un juramento asumiendo obligación, no violará su palabra; hará conforme a todo lo que ha salido de su boca.

Repito Dios es un Dios legal y respetará tus pactos, votos, alianzas hasta que pidas que Él intervenga y renuncies a lo que acordaste. Todo lo que se dice sin responsabilidad aquí en la tierra, aunque no lo entiendas en la esfera del espíritu, es decir, en el cielo eres requerido para ser demandado por lo que dijiste.

Deuteronomio 23:21-23 LBME
21 *"Cuando hagas un voto a Jehovah tu Dios, no tardes en cumplirlo; porque ciertamente Jehovah tu Dios* te lo demandará, y sería en ti pecado. **22** *Pero si te abstienes de hacer un voto, no sería en ti pecado.* **23** *Cumplirás lo que tus labios pronuncien; harás de acuerdo con el voto que hayas hecho a Jehovah tu Dios, la ofrenda voluntaria que hayas prometido con tu boca.*

La oraciones interrumpidas:

Otro de los efectos negativos de los votos y el poder de la voz es que nuestras oraciones son afectadas hasta que se anule el voto negativo.

Job 22:27 LBME
Orarás a él, y él te escuchará; y podrás pagar tus votos.

Pagar es finalizar con aquello que creó la atadura, terminar con la atadura que te pusiste cuando dijiste algo negativo.

Pagar #7999 /*shalam*/: Estar en un pacto de paz, compensar, recompensa, terminar, es decir, renunciar al voto negativo que te ha robado la paz poniéndote en paz.

Ejemplo de pactos: La cultura de las pandillas

Los profesionales que examinan el comportamiento de los jóvenes involucrados en pandillas han llamado a eso "La Cultura de las pandillas"

1. Está basada en pactos que hacen donde se comprometen a dar su vida por la filosofía que manejan las pandillas.
2. El juramento que hacen los ata y los desfragmenta en el alma.
3. Juran fidelidad a la pandilla de manera que

parte de su alma está en la pandilla y otra parte con su familia biológica.
4. Las ataduras en la pandilla son de rebelión y muerte.

Cuando pactan, están entregando su alma o parte de ella al ambiente que pertenece, eso significa que la **identidad** del individuo es absorbida en el contexto del ambiente, eso les produce problemas de identidad, seguridad y conducta. La manera con la que alguien puede ser libre es invitando a Dios y renunciando con todo su corazón para que se anule el decreto de muerte que le creó la ingeniería del alma impía.

– Los Pactos, Votos y Alianzas –

Se puede llegar a establecer por medio de las siguientes acciones:

1. Verbal
2. Escrito
3. Echo
4. Comidas
5. Objetos
6. Sangre
7. Regalos

Mucha gente puede tener un acuerdo vigente que voluntariamente aceptó y por eso no ha podido salir de enfermedades, pobreza, maldiciones, limitaciones, etc. Dios es un Dios legal que ha respetado ese acuerdo y esa atadura solo se podrá romper si invitas a que él deshaga ese **nudo** y tu renuncies para terminar con esa etapa de problemas en tu vida.

El pacto de la sal espiritualmente hablando

Recordemos que la voz tiene poder y que hay ataduras que se dieron por nuestras propias palabras dichas o por aceptar algo que nos dijeron.

Proverbios 18:20-21 [LBME]
[20] *Del fruto de la boca del hombre se saciará su estómago; él se satisfará con el producto de sus labios.* [21] *La muerte y la vida están en el poder de la lengua, y los que gustan usarla comerán de su fruto.*

Una de las formas para romper con el poder de la voz negativa es estableciendo un pacto de sal, explicaré como opera esto de manera espiritual y con fe.

Levítico 2:13 [LBLA]
[13] *"Además, toda ofrenda de cereal tuya sazonarás con sal, para que la sal del pacto de tu Dios no falte de tu ofrenda de cereal; con todas tus ofrendas ofrecerás sal.*

Las ofrendas eran saladas con sal para evitar la corrupción provocada por moscas sobre la ofrenda (el dios mosca Belcebú = Demonio que llega para corromper o maldecir).

1. La sal es símbolo de perpetuidad o de larga vida.
2. La sal es elemento que neutraliza la corrupción.
3. La sal da otro sabor a las cosas.
4. Cristo dijo que los creyentes son la sal de la tierra.

Nuestras palabras negativas solo pueden ser anuladas haciendo un pacto con Dios para no hablar más palabras negativas o de muerte, esas son palabras carentes de sal.

Santiago 3:8-11 LBME
⁸ Pero ningún hombre puede domar su lengua; porque es un mal incontrolable, llena de veneno mortal. ⁹ Con ella bendecimos al Señor y Padre, y con ella maldecimos a los hombres, que han sido creados a la semejanza de Dios. ¹⁰ <u>De la misma boca sale bendición y maldición</u>. No puede ser, hermanos míos, que estas cosas sean así. ¹¹ ¿Será posible que de un <u>manantial brote agua dulce y amarga</u> por la misma abertura?

Tener sal es tener pacto en tu boca de no ser fuente de muerte, esterilidad o maldición. Con sal se para la muerte del manantial (boca), la sal tiene que ver con actos proféticos como el que hizo Eliseo.

2 Reyes 2:19-21 LBLA

19 Entonces los hombres de la ciudad dijeron a Eliseo: He aquí, ahora el emplazamiento de esta ciudad es bueno, como mi señor ve, <u>pero el agua es mala y la tierra estéril.</u> **20** Y él dijo: <u>Traedme una vasija nueva, y poned sal en ella.</u> Y se la trajeron. **21** Y él salió <u>al manantial de las aguas,</u> <u>echó sal en él,</u> y dijo: Así dice el SEÑOR: <u>"He purificado estas aguas; de allí no saldrá más muerte ni esterilidad."</u>

Después del pacto de sal en nuestra boca, Dios demandará que siempre nuestra conversación la sazonemos con sal.

Colosenses 4:6 BC

Que vuestra conversación sea siempre amena, <u>sazonada con sal</u>, sabiendo responder a cada cual como conviene.

Y así la paz estará siempre con nosotros.

Marcos 9:50 LBLA

50 <u>La sal es buena;</u> pero si la sal se vuelve insípida, ¿con qué la sazonaréis? <u>Tened sal en vosotros y estad en paz los unos con los otros.</u>

En este momento tendrás que tomar una decisión muy importante basada en la fe en Dios para que Él rompa todo los efectos negativos de pactos, votos y alianzas que voluntariamente hiciste. La respuesta está en tu boca... decide y sé bendecido.

Las fricciones con sal:

Ezequiel nos habla de las mismas, las cuales son experiencias con el Espíritu Santo que liberan de traumas, eso significa que el Espíritu Santo hará que saques de lo profundo del inconsciente las memorias del vientre que hayan quedado, eso es posible que te haga como recordar esas sensaciones y emociones fetales con la intención únicamente de que seas completamente libre.

– El Verdadero Pacto –

Para continuar explicando acerca de un pseudo pacto que conduce a la condición de un alma impía, pondré los fundamentos que definen un pacto verdadero o una relación piadosa. La palabra pacto es algo que se desconoce en mucha gente hoy en día, especialmente en el mundo occidental.

1. Dentro del pueblo cristiano quizás sea un poco más familiar, ya que es un lenguaje bíblico y es muy utilizado. En toda la Biblia esa palabra aparece más de 100 de veces.
2. Sin embargo, para muchos creyentes, la palabra pacto aun es desconocida como

una forma de vida. Es decir, no lo viven, no lo entienden, no lo aprovechan y no lo cumplen.

El concepto de pacto es prominente en Dios porque es la fundación de todas las promesas que Dios hace al hombre. La práctica de los pactos vino a ser en los antiguos hombres una manera de gobernar sus vidas, días tras días, los antiguos hombres vivían en un pacto, sabían lo que podían alcanzar en un pacto, conocían también acerca de los derechos y obligaciones que lleva implícito todo pacto. El pacto les decía lo que les pertenecía y ellos tenían fe en ello.

Todo esto ha cambiado hoy en día de manera que en la misma iglesia se desconoce mucho acerca de ello y la gente cree que al hablar de pacto se refiere únicamente de algo histórico, cultural o lo entienden desde el punto de vista únicamente para diferenciar las historias del antiguo y nuevo testamento, pasando por alto los principios, las promesas, las responsabilidades y lo espiritual de todo ello.

Yo le invito a que te hagas la pregunta hoy mismo, ¿qué es un pacto? y si es un ministro que le pregunten al pueblo, ¿qué es un pacto? o que los padres en sus hogares le pregunten a sus hijos, ¿qué es un pacto? o que el esposo(a) le pregunte a su pareja, ¿qué es un pacto?

Si la gente no logra entender lo poderoso de un pacto, nunca logrará comprender hasta donde repercute, también donde entran en vigor y existen los pactos. Para eso primeramente mencionaré dos pactos de la vida.

Todo hombre y mujer experimentara los dos pactos más importantes en su vida. Dios utiliza los pactos de relación, para restaurarnos y sanarnos de heridas en nuestra vida, para restaurar nuestros sueños, para colocarnos en el poder de un arma invisible, porque el pacto obliga a Dios a cumplir sus promesas con nosotros (decir que un pacto obliga a Dios, lo menciono con mucho temor y reverencia a Dios) pero con nivel de entendimiento al comprender el significado profundo de la vida de pacto con Dios. Estos dos grandes e importantes pactos son:

Primero: El pacto con Dios.
Segundo: El pacto matrimonial.

Este segundo (pacto matrimonial) tiene la misma esencia del primero, tiene la misma exigencia y por lo tanto es como la fotografía del pacto con Dios con diferente magnitud. Por esa razón los antiguos le hacían recordar el pacto a Dios.

Éxodo 32:13 LBLA
Acuérdate de Abraham, de Isaac y de Israel, siervos tuyos, a quienes juraste por ti mismo, y les dijiste: "Yo

multiplicaré vuestra descendencia como las estrellas del cielo, y toda esta tierra de la cual he hablado, daré a vuestros descendientes, y ellos la heredarán para siempre."

El pacto no es cultural, es un diseño celestial.

Hay un gran poder que se recupera en el matrimonio, en las familias, en las iglesias cuando re-descubrimos el **poder** de un **pacto**. Cuando nosotros redescubrimos los fundamentos olvidados de un pacto, nuestras casas serán bendecidas, nuestros matrimonios serán fuertes y nuestros hijos crecerán de mejor forma. Ajustados a las promesas de Dios y seguros en este mundo, así también la iglesia crecerá en una atmósfera de unidad y nuestros negocios prosperaran como nunca antes.

El misterio de un pacto en el matrimonio:

La entrada al mundo es para tener un pacto, es por eso que todo ser humano (hombre y mujer) cuando entra a la tierra vienen sellados, es decir vienen con una llave, o bien dicho vienen vírgenes al mundo. De manera que Dios establece en la ley la importancia de la virginidad (la base en este principio la cuál estoy a punto de explicar y es uno de los temas más delicados que he abordado). Leamos el siguiente pasaje con relación a la virginidad de los hombres y mujeres.

Deuteronomio 22:14-17 ^{LBLA}

¹⁴ *y la acusa de actos vergonzosos y la difama públicamente, diciendo: "Tomé a esta mujer, pero al llegarme **a ella no la encontré virgen",** ¹⁵ entonces el padre y la madre de la joven tomarán las pruebas de la virginidad de la joven y las llevarán a los ancianos de la ciudad, a la puerta. ¹⁶ Y el padre de la joven dirá a los ancianos: "Di mi hija por mujer a este hombre, pero él la aborreció; ¹⁷ y he aquí, él le atribuye actos vergonzosos, diciendo: 'No encontré virgen a tu hija.' Pero esta es la prueba de la virginidad de mi hija." Y extenderán la ropa delante de los ancianos de la ciudad.*

Recordemos que Dios a sus leyes o demandas de Él, las basa en la suposición de que Él mismo ya proveyó la posibilidad de una cosa. La virginidad tiene un significado profundo porque está en relación con el **pacto**.

Lo órganos genitales para el pacto:

La ciencia médica al estudiar los órganos sexuales del hombre y la mujer han llegado a una conclusión muy interesante que tiene su respuesta en las escrituras. Déjeme explicar esto de la siguiente manera y le pido una mente espiritual para esto, por favor.

1. **La mujer:** Toda mujer al nacer viene con un filamento en su parte genital la cual certifica su virginidad.

Los doctores e investigadores han tratado por mucho tiempo de descubrir qué otra función tiene la membrana de la mujer que viene sellada (extraño componente). De manera que han llegado a la conclusión que es un órgano, que es una parte de valor de la vida humana, es algo así como el aire para respirar. De manera que a la mujer Dios la envía a la tierra sellada con una membrana de sangre, por favor mantenga la palabra sangre en mente por qué explicare algo muy importante más adelante.

2. <u>**El hombre:**</u> Todo hombre de igual manera viene también viene virgen a la tierra, pero además con el equipamiento de que su parte genital es como un instrumento, como una llave que puede abrir lo que viene sellado o cerrado del sexo femenino.

Los investigadores dicen acerca del órgano masculino, que es también un órgano que suple sangre, que debajo de la piel lo único que se encuentra son miles de vasos sanguíneos. Eso determina que tanto el órgano sexual del hombre y de la mujer son órganos sanguíneos.

– *La Sangre* –

¿Por qué es importante la sangre en el pacto? Veamos un principio bíblico:

Levítico 17:11 LBLA
Porque la vida de la carne está en la sangre, y yo os la he dado sobre el altar para hacer expiación por vuestras almas; porque es la sangre, por razón de la vida, la que hace expiación.

La vida está en la sangre:

Toda enfermedad que mata al ser humano, comienza por destruirle primero en su sangre (tuberculosis, Sida, Diabetes). ¿Por qué? Porque la sangre lleva la vida. La sangre es la llave de la vida o la muerte.

Dos cosas del sella de virginidad:

La virginidad en el ser humano deja de ser al momento que es revelada la sangre. Cuando un hombre tiene contacto sexual por primera vez con una mujer virgen lo primero que los involucra a ambos es la **sangre**. Es imposible, según Dios, que se lleve a cabo una consumación sin sangre.

El pacto de sangre es un cortar:

No hay otro pacto más fuerte que el pacto de sangre, eso significa que la única manera de romper ese pacto es solo con la muerte. La relación sexual es una unión de sangre. La sangre establece un pacto. Muchas personas hoy en día tienen grades problemas en sus matrimonios por causa de previas relaciones que tuvieron fuera del matrimonio porque simbólicamente están pactados con sangre en previas relaciones. Por eso, la renovación de votos matrimoniales y la bendición ministerial a una pareja sirve para anular las previas experiencias que se hicieron en ignorancia de estos principios.

– Adán y Eva Eran Vírgenes –

Creo con todo mi corazón que tanto el hombre y la mujer deben de ir vírgenes al matrimonio, porque Dios hizo a las primeras criaturas vírgenes y así a todos los humanos.

Génesis 4:1 LBLA
Y el hombre conoció a Eva, su mujer, y ella concibió y dio a luz a Caín, y dijo: He adquirido varón con la ayuda del SEÑOR.

El término "Adán conoció a su mujer"

En la Biblia no existe la palabra relación sexual o sexo. Aparece la palabra **conoció**, que significa un conocimiento que antes no se experimentaba. En esto Adán y Eva no tenían previa información. La palabra conocer también es usada en la Biblia como conocer intelectualmente, para dar a entender como si fuera a encontrarse por primera vez. Pero aquí es usada como una experiencia que por primera vez se dio en intimidad y los llevó a tener hijos (sexualmente).

Las teorías de la reproducción

<u>Mitosis:</u> Reproducción de células. Tipo de división celular que origina dos núcleos con el mismo número de cromosomas y la misma información genética.

<u>Frotación:</u> Como algunos animales hoy lo hacen. La virginidad era en el hombre y la mujer. Debe de ser considerada así.

<u>Conocer:</u> Implica llegar a experimentar por primera vez. Llegar nuevo y aprender a partir de ahí. Descubrir a medida que pasa el tiempo dentro del matrimonio. La virginidad en el plano original es para el hombre y la mujer y ambos deben de ir a conocer en el matrimonio las cosas de la intimidad.

La virginidad de Adán

Desde este ángulo, yo creo que el primer Adán fue virgen hasta el día que conoció a Eva fuera del huerto. Eso significa una continua experiencia de descubrir otra vez o cada vez lo que es la relación de la intimidad. Nuestros hijos no deben de ir con experiencia al matrimonio debe de ser un descubrir todo los días para ellos en su matrimonio.

La Atadura Formada por una Relación Impía y el Pseudo Pacto

El postrer Adán, Cristo no conoció a mujer alguna, es decir, se mantuvo virgen y se mantiene así, para ir así, al matrimonio con la iglesia.

Si alguien está pensando que él o ella no llegaron al matrimonio virgen, debo decir que en Cristo venimos hacer vírgenes por medio de su sangre, Él nos cubre nuevamente con su sangre, restaurando nuestra virginidad.

2 Corintios 11:2 LBME
*Porque os celo con celo de Dios, pues os he desposado con un solo marido, para presentaros como una **virgen pura** a Cristo.*

En Cristo recuperamos la virginidad espiritual:

En Cristo venimos a ser, tanto el hombre como la mujer, vírgenes espiritualmente para hacer válido el pacto de sangre en el matrimonio y que llevemos a cabo una vida de pacto legítimo.

Los adulterios y fornicaciones en la iglesia:

Como ya expliqué que una relación sexual está relacionada con el pacto por causa de los órganos, cuando los creyentes en la iglesia caen en pecado sexual con un hermano(a) en Cristo cometen una violación muy grande porque después de recibir todos a Cristo como salvador venimos a ser vírgenes por medio de la sangre. Cristo nos limpia y borra pecados y nos da el sello de virginidad nuevamente para que vivamos en un pacto. Cuando alguien comete pecado sexual tendrá fuertes problemas por causa de la sangre de Cristo.

– Las Relaciones Fuera del Pacto Matrimonial –

Si alguien tiene relaciones sexuales fuera del matrimonio debe saber que está cortando otro pacto (pacto por sexo). **Cuando un nuevo pacto se establece el antiguo es cancelado.**

Hebreos 8:13 LBLA
Cuando Él dijo: Un nuevo pacto, hizo anticuado al primero; y lo que se hace anticuado y envejece, está próximo a desaparecer.

Eso significa que una relación fuera del matrimonio hace que se dé otro pacto, es decir, que corta de nuevo y anula el antiguo (el primero que cancelado).

Mateo 19:9 LBLA
*Y yo os digo que cualquiera que se divorcie de su mujer, **salvo por infidelidad**, y se case con otra, comete adulterio.*

El sexo no es una cuestión solo de **pasión** sino

más bien de **fe** en el **pacto**. Lo que voy a declarar es tremendo: cuando alguien es infiel en su pacto matrimonial le ha cedido todo el poder en las manos del otro (su pareja). La decisión del otro para perdonar o anular el matrimonio está en el poder del que se mantuvo fiel.

Cuando un pacto se rompe dos cosas entran en escena: una, es el derecho y dos, es la misericordia, quien mantuvo el pacto puede aplicar una u otra y es respaldado por Dios. De manera que la figura del matrimonio nos muestra al pacto verdadero y nos deja ver lo poderoso que es mantener el pacto piadoso y los efectos de romperlo y caer en uno falso. Es muy importante ver la diferencia entre un pacto verdadero y piadoso y un pacto falso o relación impía. Esto nos ayudará a discernir si una relación está en la voluntad de Dios o no. Para comprobar si una relación o pacto es piadoso consideremos los siguientes requerimientos:

Requerimiento #1:

Una relación piadosa es cuando la otra persona está **comprometida** en tu vida a tu crecimiento espiritual. Si para la otra persona tu crecimiento espiritual no es muy importante, eso no es una relación piadosa sino que es una relación de un alma impía.

Requerimiento #2:

En una relación piadosa no debe ser violada tu conciencia. Cuando tratan de persuadirte que hagas cosas que violan la ley de Dios y tu conciencia ahí hay una alianza impía.

Requerimiento #3:

En una relación piadosa no debe existir la manipulación por medio del enojo, pero si debe de ser motivada por medio del amor, es decir, que si alguien dice, "si no hago esto o aquello", se va enojar mi socio, ahí hay una alianza impía. La Biblia nos aconseja lo siguiente:

Proverbios 13:20 [BJ2]
El que anda con los sabios será sabio; quien frecuenta los necios se hará malo.

Eso significa que su vida será levantada o caerá al nivel de su asociación, si quieres saber hacia dónde vas, solamente mira el lazo que tienes con tus compañeros. La ley de la asociación dice que uno viene a ser siete de las peores cosas de la persona con la que nos asociamos impíamente.

1 Corintios 15:33 [LBLA]
No os dejéis engañar: Las malas compañías corrompen las buenas costumbres.

La Atadura Formada por una Relación Impía y el Pseudo Pacto

1 Corinthians 15:33 ^{AMP}
Do not be so deceived and misled! Evil companionships (communion, associations) corrupt and deprave good manners and morals and character.

Hablar de ingeniería del alma impía no es solamente hablar de patrones de comportamiento, la ingeniería del alma impía va más profundo, la intención es apoderarse de la esfera almática de una persona y evitar que el hijo de Dios esté en la condición digna de agradar al Señor para su venida.

La siguiente fase de la ingeniería impía será:

Si no se toma acción en la primera fase, se convierte en algo sobrenatural que hechiza y busca cauterizar la conciencia y herir el espíritu de la persona afectada.

Una vez el enredo:

Si se sigue permitiendo la influencia del alma impía se conseguirá el siguiente nivel.

1. Un control demoníaco toma lugar.
2. Este control demoníaco arrastra a la persona hasta que él o ella nunca más puede ser lo que una vez fue.
3. Los pensamientos y las actitudes dejan de ser del individuo (alguien más los maneja).

4. Estará bajo el control de la manipulación de otras personas.

La Atadura Formada por una Relación Impía y el Pseudo Pacto

La Atadura Formada en el Rompimiento Matrimonial

4

La Atadura Formada en el Rompimiento Matrimonial

El matrimonio es una institución santa creada por Dios que se establece por medio de un pacto entre un hombre, una mujer y Dios; tres voces que participan en el acuerdo, un hombre, una mujer y Dios. El matrimonio trae la intención de que no se rompa nunca, pero cuando el matrimonio se rompe es cuando se puede iniciar la ingeniería del alma impía. El divorcio, en muchos casos, es el arma de esta ingeniería dando lugar a que una persona viva separada de la otra físicamente y legalmente por medio de documentos jurídicos pero es posible que su alma continúe casada. Es posible que un divorcio fuera causado por situaciones trágicas y que el divorcio era razonable, sin embargo, el alma de ellos pueda continuar atada por mucho tiempo y causar muchos problemas.

– *La Ingeniería del Alma Impía por el Divorcio* –

Dos áreas de la esfera almática son atacadas y afectadas fuertemente, lo emocional y la angustia. Estas dos áreas van involucradas en todos los divorcios: Primero el quebrantamiento de las emociones, y la angustia de la separación. Todos aquellos que estuvieron involucrados en una relación que se rompió, saben que el rompimiento de su matrimonio les dejó cicatrices y mucho dolor que en algunos casos aún no se han curado. La Biblia habla acerca del dolor del rompimiento matrimonial:

Malaquías 2:13-14 LBLA

13 Y esta otra cosa hacéis: cubrís el altar del SEÑOR de lágrimas, llantos y gemidos, porque Él ya no mira la ofrenda ni la acepta con agrado de vuestra mano. 14 Y vosotros decís: "¿Por qué?" Porque el SEÑOR ha sido testigo entre tú y la mujer de tu juventud, contra la cual has obrado deslealmente, aunque ella es tu compañera y la mujer de tu pacto.

El dolor del divorcio es como un monstruo

El trauma que deja el divorcio es como un golpe, es tan fuerte emocionalmente que provoca una herida, es tan impactante que es considerado como el impacto del choque de dos trenes. Otros han dicho que el divorcio llega así como un terremoto pero en este caso es en el cuerpo, el alma y en el espíritu. Demostrando que las relaciones rotas siempre resultan en traumas, ya sean estas grandes o pequeñas. El trauma causa angustia, y la angustia manifiesta ansiedad, cuando una persona empieza a actuar con mucha ansiedad, casi siempre se vuelve un poco irracional. Siendo irracional significa que empiezas a actuar sin antes pensar correctamente en lo que haces. Quisiera comparar la pérdida que se sufre en un divorcio como la perdida de una extremidad:

Es como la pérdida de un miembro en el cuerpo

Aquellas personas que han sufrido alguna perdida de extremidades han dicho que la experiencia en sus primeros años es muy difícil (por ejemplo: lo que nos han dicho).

1. Si tus manos son cortadas del cuerpo, habría un dolor inmenso.
2. Segundo, abría una pérdida para siempre.
3. Después, el sistema nervioso se sentiría como que algo todavía está allí.
4. Aunque usted sepa que ya no está allí, así mismo son los efectos de una relación terminada.
5. Siempre habrá una herida en ese lugar y habrá algo que falta allí.

La separación de un matrimonio es tan dificultoso porque Dios une a la pareja en cuerpo, alma y espíritu, por eso no es fácil divorciarlos.

La ingeniería del divorcio:

El divorcio es una situación que la sociedad a ligado al matrimonio de manera que pareciera ser parte del diseño original, sin embargo, el divorcio no existe en el diseño del matrimonio original. (pero expondremos las razones que llevaron a dar lugar a ello).

La pregunta que muchos se hacen en este momento es: ¿Por qué el divorcio ha acompañado al matrimonio a través de los tiempos? ¿Fue Dios verdaderamente que lo estableció o fue el hombre? Dos personas en el Nuevo Testamento hablaron del divorcio, el Señor Jesús y el Apóstol Pablo.

1. <u>Jesús les habló a los judíos</u> en el monte de los Olivos acerca del divorcio, basándose en Deuteronomio 24:1

Mateo 5:31 ^{LBLA}
También se dijo: "Cualquiera que repudie a su mujer, que le de carta de divorcio."

Deuteronomio 24:1 ^{LBLA}
Cuando alguno toma una mujer y se casa con ella, si sucede que no le es agradable porque ha encontrado algo reprochable en ella, y le escribe certificado de divorcio, lo pone en su mano y la despide de su casa.

Pero en Mateo 19 el mismo Señor explica la razón que dio lugar al divorcio y dice que es la condición del corazón del ser humano:

Mateo 19:8 LBLA
Él les dijo : Por la dureza de vuestro corazón, Moisés os permitió divorciaros de vuestras mujeres; <u>pero no ha sido así desde el principio.</u>

Jesús trata de explicar a los judíos que la presente condición del hombre no representaba los planes originales de Dios, por lo tanto el deber de cada individuo es ordenar las ideas de Dios como en el principio. Por eso Jesús les dijo que al principio no fue así.

2. <u>El apóstol Pablo</u> durante su ministerio también tuvo que tratar con el tema del matrimonio y el divorcio; les habló a los Corintios acerca de ello y abarcó el tema de la separación y el abandono.

1 Corintios 7:1-2 LBLA
En cuanto a las cosas de que me escribisteis, bueno es para el hombre no tocar mujer. 2 No obstante, por razón de las inmoralidades, que cada uno tenga su propia mujer, y cada una tenga su propio marido.

1 Corintios 7:10-11 LBLA
10 A los casados instruyo, no yo, sino el Señor: que la mujer no debe dejar al marido 11 (pero si lo deja,

La Atadura Formada en el Rompimiento Matrimonial

quédese sin casar, o de lo contrario que se reconcilie con su marido), y que el marido no abandone a su mujer.

El significado de la palabra divorcio:

La palabra divorcio que Jesús usó en el Nuevo Testamento fue /*apostasion*/ que significa deserción (apostasía), lo cual tiene un significado muy interesante. La misma palabra es usada en la versión del Griego del Antiguo Testamento (La Septuaginta) la cual era usual en los días de Jesús. Esa palabra en Griego significa "una deserción," literalmente, significa "separándose." Tú solo puedes desertar si has sido comisionado para algo. Un soldado que ha sido alistado o ha sido enrolado para un cierto término de servicio y después se corre sin permiso es llamado un "desertor".

La definición de la palabra desertor en el diccionario dice:

1. "Carencia de algo necesario de compleción; deficiencia; defecto."
2. "Una imperfección o debilidad"; avería; defecto; en este uso, "para abandonar una causa", etc.

El divorcio es como un soldado enrolado que va a su general y dice, "no me gusta esto, quiero ser un civil otra vez." Si un soldado en acción deserta, le es más conveniente darse un tiro a sí mismo. Ahora, podrán entender por qué uno de los discípulos del Señor Jesús dijo que es mejor no casarse. Algo muy importante que puedo notar es que el matrimonio y el divorcio están en los hombros del hombre.

1. Si lo notan, en la Biblia dice que el hombre es el que deja padre y madre para unirse a su mujer según Génesis 2
2. Y dice también que el divorcio es por la dureza del corazón del hombre, según Mateo 19

– El Impacto del Divorcio –

El divorcio tiene el mismo impacto en la humanidad como lo tiene la muerte. Porque el divorcio es como una muerte; la muerte de una relación, la muerte del amor, la muerte de una pareja. De manera que el divorcio es la experiencia más traumática en la tierra. Es más, es considerada peor que la muerte, porque es la muerte con vida, usted sabe que si el otro muere no lo volverá a ver, pero cuando alguien se divorcia es como si la otra persona hubiese muerto pero cuando se vuelve a encontrar con él o ella se revive aquel dolor.

La Atadura Formada en el Rompimiento Matrimonial

El trauma del divorcio:

El divorcio tiene el poder de afectar emocionalmente a una persona, cambiar los químicos en su cuerpo y crear un impacto psicológico. Desencadena temor, mucho enojo, estrés, depresión y trae complejo. El trauma es tan profundo que una persona puede llegar a sufrir, llevándole hasta de cinco a seis años o más para volver a establecer otra relación amorosa. Una persona puede volver a casarse y aun así, seguir sufriendo el impacto del divorcio de manera que los primeros 10 a 15 años en su nueva relación vive con el temor que se repita la misma situación.

Es como traer una herida en silencio, es como un clamor en silencio, es como un llanto en silencio. Tal vez alguien diga, usted está exagerando hermano Mario, pero tengo sentido y base para decirlo de tal magnitud, ¿quiere saber por qué?

No fuimos creados para el divorcio:

Ningún humano fue creado para el divorcio, por eso en el principio no existe esa situación.

1. Ninguna parte del cuerpo humano tiene la capacidad para poder soportar el divorcio, no existe ningún órgano del cuerpo humano que tenga la capacidad para

soportar el trauma del divorcio.
2. Dios no diseñó al hombre para el divorcio de manera que es muy traumático en la vida del ser humano.
3. Nadie puede llevar algo sobre si o dentro de sí, si no tiene la capacidad inherente para eso. Por eso el divorcio es muy doloroso en la raza humana.
4. La herida del divorcio se recibe en el corazón y el corazón no fue diseñado para soportarlo.

Jesús llama a eso corazón quebrantado y solo hay un pasaje en toda la Biblia que dice que Cristo es el único que puede sanarlo. Eso significa que no son los psicólogos, no son las terapias, nada puede sanar a un corazón quebrantado… Solo nuestro Señor Jesucristo y para eso vino.

Lucas 4:18 *RVR1960*
El Espíritu del Señor está sobre mí, Por cuanto me ha ungido para dar buenas nuevas a los pobres; Me ha enviado a sanar a los quebrantados de corazón; A pregonar libertad a los cautivos, Y vista a los ciegos; A poner en libertad a los oprimidos;

Por eso si el Señor no sana ese corazón quebrantado nadie puede llegar a sanarlo, porque no hay medicina para el corazón quebrantado.

¿Por qué hablar del divorcio?

Porque es un tema que nadie quiere explicar o que nadie quiere aceptar la verdad que es parte de una ingeniería impía en el alma. Nuestro Señor Jesús fue confrontado por los fariseos respecto al tema del divorcio y la explicación de nuestro Señor Jesús es clave para entender el problema (antes de eso miremos estadísticas).

1. Las últimas estadísticas dicen que de cada tres matrimonios dos se divorcian.
2. Es como decir que uno de cada tres se salva.
3. En el año 1973 se realizaron **un millón** de divorcios.
4. En el año 1995 se realizaron más divorcios que nuevos matrimonios.
5. El promedio de divorcios se realiza a los 10 años de casados.
6. De manera que 25 millones de niños viven sin sus padres biológicos.

El divorcio es un síntoma

Todo síntoma tiene una raíz o el mal que se encuentra más profundo y eso es lo que hay que encontrar. El síntoma es la señal de que hay un mal que se encuentra más profundo que el síntoma. El divorcio era para **Cristo** una nueva **idea** de los hombres, Él sabía que el divorcio no existía en el matrimonio original.

El problema no es el divorcio <u>eso es solo un síntoma</u>, el problema es que los hombres y las mujeres que se casan en la actualidad no son iguales a los que se casaron en el principio. El punto es que los hombres han cambiado, han involucionado, como decir que el material que hoy usan para su matrimonio no es de la misma calidad que antes, y por eso el matrimonio es bueno o no solo delante de los mismos hombres pero no de Dios, es decir que el hombre lo califica a su propio criterio. Pasando por alto que todo lo que le añade el hombre y la mujer a su matrimonio eso vendrá a ser.

Los pre-requisitos del matrimonio

Jesús para responder a los fariseos, les tocó los pre-requisitos del matrimonio, es decir que los llevó más atrás, más atrás y más atrás hasta el principio (a eso le llamo pre-requisitos). Si quieres encontrar la cura, no trates los síntomas, hay que ir hasta la raíz del mal.

Ejemplo:
1. <u>El pre-requisito del divorcio</u>: ¿Cuál sería?... el **matrimonio**. Eso significa que no existiría el divorcio sino hubiera el matrimonio.
2. <u>El pre-requisito del matrimonio</u>: ¿Cuál

sería?... **el hombre y la mujer.** Eso significa que el matrimonio solo es válido entre un hombre y una mujer, por eso Jesús dijo por esa razón...

Mateo 19:5 ᴸᴮᴸᴬ
y añadió: "POR ESTA RAZON EL HOMBRE DEJARA A *su* PADRE Y A *su* MADRE Y SE UNIRA A SU MUJER, Y LOS DOS SERAN UNA SOLA CARNE"

El hombre y la mujer tienen una razón de ser (el matrimonio es legal solamente entre hombre y mujer).

3. El pre-requisito para unirse: Entre un hombre y una mujer... ¿Cuál sería? **El principio.**

Para casarse debería de calificarse a la pareja con las mismas condiciones del principio.

Génesis 2:23 ᴸᴮᴸᴬ
Y el hombre dijo: Ésta es ahora hueso de mis huesos, y carne de mi carne; ella será llamada mujer, porque del hombre fue tomada.

Esto significa que la mujer para unirse a un hombre debe de salir de adentro, significa que la mujer y el hombre tienen los mismos principios del principio. Entonces, así como es el hombre y la mujer, así es su matrimonio y así como es su matrimonio así será el divorcio o no. En resumen el divorcio solo es el síntoma de actitudes malas, es la manifestación de la deficiencia marital.

La humanidad tiene otro diseño

El problema no es el divorcio, sino que el problema está en la humanidad en los hombres (hombre y mujer). Cómo esperar los resultados de Dios en los matrimonios actuales, si los recursos del matrimonio no son los mismos que Dios estableció:

1. Como esperar que su pareja tenga actitudes justas, si se casa con uno que es un injusto.
2. Como esperar que su pareja tenga fe si se casa con un incrédulo.

Por eso mismo ha quedado escrito lo siguiente.

2 Corintios 6:14 LBLA
No estéis unidos en yugo desigual con los incrédulos, pues ¿qué asociación tienen la justicia y la iniquidad? ¿O qué comunión la luz con las tinieblas?

– Los Diseños de Dos Mundos –

Si no se tiene el mismo diseño del principio no debes de fijarte en ese hombre o mujer. Les voy a decir algo muy profundo: lo único que no heredó

Adán y Eva a la humanidad ancestralmente fue el divorcio, a pesar de los problemas que vivieron ellos nunca se divorciaron (porque ambos tenían las mismas calificaciones). Es decir que si el matrimonio es el correcto no se va a pensar en el divorcio. La actitud del corazón cuenta mucho.

El divorcio nace por usar ingredientes equivocados:

Dios siempre considera muy honorable el matrimonio, el matrimonio recibe un alto título de parte de Dios.

Hebreos 13:4 LBLA
Sea el matrimonio honroso en todos, y el lecho matrimonial sin mancilla, porque a los inmorales y a los adúlteros los juzgará Dios.

Note que la Biblia menciona al matrimonio honroso porque es la institución divina no menciona a los hombres. Porque los humanos han contaminado el matrimonio, los matrimonios defectuosos son consecuencia de humanos defectuosos que no consideran los principios del principio.

Ejemplo: Ingredientes equivocados

Trate de cocinar algo usando ingredientes equivocados, no importa la apariencia, el sabor

La Ingeniería del Alma Impía

será terrible.

1. La primera pregunta que usualmente se hace para casarse es, ¿me amas?
2. Luego surge otra más, ¿me das una prueba de tu amor?.

Estos son algunos de los ingredientes que se usan equivocadamente, esos falsos ingredientes han dado lugar a que muchos piensen que por eso van a unir sus vidas, porque ya se dieron la muestra del amor.

1. La primera pregunta para casarse cuando debería ser: ¿Tienes los principios del principio? ¿Saliste de adentro de mí? Eso debería de decir el hombre: ¿Compartes los mismos principios que yo tengo?

2. La mujer debería de decir: ya vi dentro de ti de manera que puedo decir que salí de adentro de ti y encontré que tú tienes los mismos principios que yo tengo (como que la mujer salió pero antes entró para ver por dentro del hombre y comprobar que están en los mismos principios).

– Consejos Para Evitar las Relaciones Quebradas –

Estas recomendaciones son para neutralizar cualquier intento de la ingeniería del alma impía.

Eclesiastés 4:12 LBLA
Y si alguien puede prevalecer contra el que está solo, dos lo resistirán. <u>Un cordel de tres hilos no se rompe fácilmente.</u>

Como ya mencioné en ninguna parte de la palabra de Dios se nos enseña que Dios hizo alguna provisión como elemento para la separación de aquello que Él une, con base a eso puedo decir que seguramente Dios nunca se alegra de ninguna separación, del rompimiento de una relación o de una comunión establecida por Él.

1. A Dios no le gusta las relaciones quebradas de ningún tipo.
2. A Él no le gusta cuando la comunión es dañada en la iglesia entre las familias.
3. A Él no le gusta la separación entre los amigos-mucho menos entre los esposos y las esposas.

Si alguien quebranta una comunión, Dios es el primero en dolerse. Porque toda separación piadosa es perjudicial al fluir de la comunión.

Mateo 5:23-24 ^{LBLA}
*²³ **Pero eso dijo Dios:** Por tanto, si estás presentando tu ofrenda en el altar, y allí te acuerdas que tu hermano tiene algo contra ti, ²⁴ "deja tu ofrenda allí delante del altar, y ve, reconcíliate primero con tu hermano, y entonces ven y presenta tu ofrenda."*
Toda comunión quebrada, en cualquier forma que sea, es destructiva para la relación con Dios que tiene la persona. Los hogares y las vidas quebradas no son muy agradables para Dios. Lo hacen sufrir.

Entendiendo los vínculos del Matrimonio:

Todo vínculo piadoso que es roto es considerado una involución y eso es un producto de la ingeniería impía, afectando el vínculo emocional. Llegar a estar involucrado emocionalmente con alguien no es al instante, para eso deberá de tener encuentros frecuentes con la otra persona. Necesitarás verlo por lo menos tres veces a la semana, así seguirán estando unidos emocionalmente.

Si estás con alguien por más de seis meses:

Habrán formado muchos "lazos en el alma", o habrán llegado a la vinculación emocional.

La Atadura Formada en el Rompimiento Matrimonial

1. De manera que han llegado a ser dependientes el uno del otro.
2. Esto es como bordar un manto; hasta que llegas a estar totalmente vinculado en la otra persona.

La vinculación emocional se forma despacio, pero constante, y es basado en cuanto al tiempo que se pasa con la otra persona.

3. También involucra la cantidad de comunicación entre tú y la otra persona.
4. Es la cantidad de tiempo es para compartir los sueños, los deseos, los pensamientos internos.

La verdadera clase de vinculación emocional obviamente es como usar un tercer hilo para fortalecer el vínculo.

La vinculación no es un regalo de bodas:

Un matrimonio exitoso involucra a dos personas que han aprendido a ser individuales, pero escogiendo llegar a ser uno con el otro. Vinculación <u>no es nunca un regalo</u>, pero es el resultado de un impacto en una relación que se vino tejiendo. Si se presentara la ocasión de una separación de vinculación emocional, no se le puede exigir a la otra persona: "dame de regreso lo que use para tejer esa relación.

1. Lo que pasará en esa separación es que habrá un rompimiento de las dos personas.
2. Y cuando uno rompe parte del otro, esa parte nunca será reemplazada.

Tu "hilo" está unido en nudos junto con el hilo de la otra persona y el hilo de ambos está pegado a un tercer hilo. Cuando alguien es separado, es como si fuera arrancado de raíz. Una herida es dejada, y las heridas sangran.

Los tres hilos:

Esos hilos son fuertes ataduras que no son quebradas por el hecho de ir a una corte y obtener un divorcio legal; nuevamente quiero decir que el divorcio legal no aplica lo emocional.

1. Es posible ser divorciado legalmente pero emocionalmente todavía están unidos y siguen casados.
2. Abogados, jueces, jurados, y la corte no pueden dar un divorcio emocional.

Si una relación es quebrada a tal punto de llegar al divorcio se puede desligar legalmente. Pero el alma sufrirá una herida porque los hilos que fueron tejidos entre las dos personas serán arrancados a la fuerza, porque no se pueden deshacer. Cuando Dios dijo serán una sola carne, no quiso decir dos carnes pegadas como con pegamento, porque eso sin lugar a dudas si se puede despegar, con presión pero se consigue. Lo que Dios dijo de una sola carne, es que se fundirían en una sola sustancia como el oro y la plata. Cuando yo era niño me llevaban a la joyería que mi abuelo tenía en El Salvador, en la 1era. calle oriente de San Salvador (Joyerías Luz), para que aprendiera el oficio de joyería, ahí me di cuenta la diferencia entre soldar o pegar una parte de plata a otra de oro. Aunque se mira fuertemente pegados, basta nuevamente aplicarle calor, derretir la soldadura y despegar nuevamente ambas piezas una de otra (una de oro y otra de plata). Pero si a ambos materiales, oro y plata se les da fuego al grado de derretirlos como líquido, mezclarlos y luego dejar que se vuelvan sólidos de nuevo para fabricar una pieza o joya, la pieza fabricada de ambos minerales que se fundieron en uno eso es imposible que se vuelva a separar, repito, están **fundidos** en uno solo y eso es una sola carne... El matrimonio

– *El Vínculo Matrimonial en Tiempos Antiguos* –

El compromiso para casarse en los tiempos de la Biblia era una unión como la boda, era la fase de desposorio.

1. Ellos pasaban por una ceremonia, y por un periodo de tiempo, casi un año, donde la pareja se daban cuenta como los dos eran, y preparaban su casa, sus muebles, linos……etc.
2. En ese periodo es que el joven (novio) debía de tener un trabajo para llevar a cabo la obligación del padre de la novia.
3. Él tenía que satisfacer los requisitos del padre antes de casarse.

Juan 14:2-3 *RVR1960*
² En la casa de mi Padre muchas moradas hay; si así no fuera, yo os lo hubiera dicho; voy, pues, a preparar lugar para vosotros. ³ Y si me fuere y os preparare lugar, vendré otra vez, y os tomaré a mí mismo, para que donde yo estoy, vosotros también estéis.

- El "compromiso" involucraba todo pero, no el casamiento físico del matrimonio.
- El compromiso no permitía aun que la pareja pasara mucho tiempo junto.
- Después del desposorio ellos eran considerados casados. Pero cada uno vivía en las casas de sus padres.

Otros ejemplos Bíblicos:

Lucas 1:27 y Mateo 1:18, María es concebida por el Espíritu Santo y José intenta dejarla. Legalmente, en compromiso, estaban unidos, ya era un vínculo, José consideró el divorcio, pero un ángel no se lo permitió. Con esto quiero demostrar que en ningún lugar del plan de Dios hay provisión para el divorcio. No hay escape en el matrimonio; el matrimonio no fue hecho para el divorcio.

1. Dios creó el cuerpo para recibir comida, sacarles los nutrientes, y despojar lo demás.
2. Pero no hay nada en ti que controles a lo que Dios no le hizo provisión para desecharlo.
3. El matrimonio fue un invento del Señor; el divorcio es la intención del hombre que está bajo la ingeniería del alma impía.

No hubo nada creado para que el hombre manejara el dolor del divorcio.

Los vendajes no son para el corazón:

Tú puedes vendar un cuerpo quebrado y con la ayuda de medicina moderna, puede ser sanado.

1. Pero si hay un corazón quebrado, no hay mucho que un doctor pueda hacer.
2. Un corazón quebrado es una alma quebrada.

Tu Alma es tu personalidad:

El alma es la mente, la voluntad y las emociones. Si tu mente está en pedazos, tu voluntad estará quebrada también y tus emociones sangrarán por las muchas heridas. La esfera almática estará afectada.

1. Se vive sin sentir.
2. Se vive sin deseo.

El libro de Proverbios es el libro de la sabiduría.

Nos iluminan para tener entendimiento de lo que son las relaciones quebradas. Veamos lo que nos dicen:

Proverbios 17:14 LBLA
El comienzo de la contienda es como el soltar de las aguas; deja, pues, la riña antes de que empiece.

Proverbios 18:19 LBLA
El hermano ofendido es más difícil de ganar que una ciudad fortificada, y las contiendas son como cerrojos de fortaleza.

Lo que significan estos versos en nuestro lenguaje:

Empezar una pelea es como abrir un chorro o cavar un hoyo profundo. Lo que empezó con una gota, pronto se vuelve en una inundación. Perdona y olvídalo.

El proverbista pregunta:

El espíritu del hombre puede soportar su enfermedad, pero el espíritu quebrantado, ¿quién lo puede sobrellevar?

El dolor en un corazón quebrantado es casi insoportable, si tú eres el que ofende, tienes que entender las consecuencias por tus acciones. En el último verso está diciendo: "Si tu hieres a alguien vas afectarlo emocional, psicológica, mental o físicamente. Por eso es importante entender que donde quiera que haya una relación quebrada o "muerta", puedes estar seguro que el Señor no está involucrado, alguien más está metiendo mano a la maquinaria destructiva.

Juan 10:10 LBLA
El ladrón sólo viene para robar y matar y destruir; yo he venido para que tengan vida, y para que la tengan en abundancia.

Las recomendaciones para después de una pérdida.

Si alguien dijera, hermano Mario este libro llegó muy tarde a mis manos, quiero por favor que me dé una oportunidad para explicarle lo siguiente y después usted se dará cuenta que todavía está a tiempo de ser libre de la ingeniería del alma impía. Inmediatamente después de una separación o divorcio no es el tiempo para tomar decisiones mayores, no es el tiempo para involucrarte con otra persona de nuevo. Porque las heridas todavía están delicadas, o pueden estar sangrando. Las emociones aún están muy sensibles. Si te casas con una persona que está herida, y toca la herida por accidente, la persona comenzará a dar gritos de dolor.

Hay personas que han estado divorciados por un buen tiempo y aún tienen esas heridas. No puedes cerrar esos vasillos o tratar de taparlos con otra relación inmediatamente. Eso solo será como el segundo trauma de separación.

– *La Angustia del Alma* –

Deseo repetir esto nuevamente; lo primero que pasa después de la separación es angustia. La separación trae la angustia del alma. El primer dolor es tan intenso y tan agudo. El proceso es: primero, la herida y después, el trauma.

Salmo 18:6 LBLA
En mi angustia invoqué al SEÑOR, y clamé a mi Dios; desde su templo oyó mi voz, y mi clamor delante de Él llegó a sus oídos.

La angustia es considerada por los expertos como la condición de alguien que se siente solo en algún lugar y esa condición lo lleva a sentirse como en un desierto o en un océano y con mucho miedo. Ellos se sienten solos, en algún lugar sin escape. La angustia involucra el mismo sentir de una pérdida de alguien muy cercano. La misma secuencia de una pérdida en una relación, lo dije antes, es como en una muerte.

La secuencia involuntaria del divorcio

La persona que se ha divorciado, si es una mujer, queda acostumbrada a hacer ciertas cosas para complacer a su pareja... Pero después como que automáticamente lo sigue haciendo para la persona que ya no está a su lado. Por ejemplo:

1. Sigue cocinando ciertas cosas en ciertas maneras, o arregla las cosas en ciertas formas.
2. Va a la cama todas las noches como de luto. Sintiendo una gran ausencia, durante la noche, trata de olvidar y de alguna manera la mente se olvida pero solo por un tiempo.
3. Se levanta sintiéndose bien por unos segundos, pero después algo la golpea y se recuerda que algo está mal.
4. Y al fin se recuerda de la pérdida que tuvo, y esa herida se vuelve a abrir.
5. Cuando oye melodías que a la otra persona

le gustaba le da angustia y así sucesivamente.

Si alguien se pregunta, ¿Por qué esto es así? La razón es porque cuando se da una separación de un vínculo emocional (sea este positivo o negativo) resulta como en una pérdida de algo que se arrancó de ti con mucha fuerza.

La depresión en el divorcio

La otra parte de la separación y la de angustia es la depresión, que es causada por el contraste de como tu pensaste que las cosas iban a ser por el resto de tu vida, y no por lo que han venido a ser. Cuando esto pasa la persona debe asegurarse de que Dios está a su lado durante este tiempo, para no caer en una depresión.

La depresión nace del sentimiento del rechazo. Eso es la parte que se mueve detrás de la separación es el fenómeno del razonamiento detrás del divorcio. Y se puede superar con un buen conocimiento en la Palabra para recibir la fortaleza. Dios dice acerca de nosotros:

Efesios 1:6 [RVR1960]
para alabanza de la gloria de su gracia, con la cual nos hizo aceptos en el Amado,

Ese conocimiento nos ayuda a recordar que la

La Atadura Formada en el Rompimiento Matrimonial

separación solo es un evento, un incidente. No es el fin de tu vida.

– Tres Traumas en la Separación –

La angustia de la separación resulta en tres traumas básicos:

1. Corazón quebrantado.
2. Un espíritu moribundo.
3. Y alma adolorida.

1- El corazón quebrantado

Un corazón quebrantado es una experiencia terrible. A veces, el corazón se siente literalmente como que se está rompiendo en pedazos.

Pero en **Lucas 4:18,** Jesús dijo que É venía a curar los corazones quebrantados, entre otras cosas. Un corazón quebrantado también significa un espíritu moribundo. La vida aparenta parar. La persona no quiere ir a trabajar, ni ver a nadie, ni comer; entonces sé está en la segunda fase...

2- El espíritu moribundo significa muerte del espíritu

1. Si no trabajas, ¿quién pagara tus cuentas? ; si no tienes comunión con otras personas,

morirás socialmente; y si no comes, morirás físicamente.
2. Un espíritu quebrantado es considerado en las Escrituras como un moribundo.

Proverbios 17:22 LBME
El corazón alegre trae sanidad, pero un espíritu abatido seca los huesos.

Noten que la Palabra dice que un corazón quebrantado seca los huesos. Los huesos son la fábrica de la sangre, y nosotros sabemos que la vida está en la sangre. Cualquier causa que toque tu sangre toca tu vida en ese mismo instante. Este versículo está diciendo, "Cada vez que algo toque tu corazón, está tocando la base de tu vida y lo primero que ataca es la fuente de tu vida." Un espíritu quebrantado seca tus huesos. Eso significa que la vida está siendo destruida.

Proverbios 18:14 LBLA
El espíritu del hombre puede soportar su enfermedad, pero el espíritu quebrantado, ¿quién lo puede sobrellevar?

3- El alma adolorida

También hemos hablado un poco del alma dolida y que resulta del sentimiento de rechazo y que es la causa de la depresión. Hay personas que han sufrido lo que le llamaré suicidio emocional.

Gente que ha cometido suicidio emocional o mental nunca puede llevar una relación otra vez. Nunca tratan de llevar acabo vinculación emocional otra vez por temor al dolor.

El dolor ha resultado en la carencia de confianza de manera que no tiene deseos de un nuevo vínculo porque siempre piensan que serán heridos otra vez.

Las consecuencias después del trauma que no dice un Juez

Hay cosas que un juez no dice cuando alguien está en el proceso de un divorcio, las cortes no están diseñadas para ayudarle a las personas a entender las consecuencias espirituales. La manera de como tú vas a batallar con las cosas más adelante no es el problema de ellos.

Las formas más comunes de reaccionar

Después de una experiencia traumática como el divorcio, la separación, o un rechazo, diferentes individuos reaccionan y responden a estos eventos en diferentes formas. Miremos estas clases de reacciones:

1. La primera reacción es de manera orgullosa formado como un complejo, resultado en la pérdida o abandono, del rechazo, de la

depresión y de un gran dolor.
2. La segunda reacción es que se vuelve "muy social" y trata a las personas de manera infiel, esto es como desquitándose y para que alguien pague por la amargura que lleva por dentro.
3. La tercera reacción es sentirse derrotado(a), bajo los pies y reacciona de manera violenta. Pero esto es como resultado del miedo o pánico.

Estas personas operan con "sentimientos mixtos" y se quedan en un estado de confusión. Esto es doble animo (doble pensador). Las únicas personas que puede manejar la pérdida y tienen las fuerzas para aguantar los efectos perjudícales son los que tienen la fundación, que es nuestro Señor Jesús. Este será alguien quien sólidamente se parará en la roca y que no se moverá.

4. La cuarta reacción es que viene a convertirse en una persona verdaderamente independiente.

Esta persona ha alcanzado el balance y está en los caminos que lo conducen en la sanidad de su corazón, espíritu y alma.

El aislamiento

La reacción inmediata de aquellos que tienen

dolor por separación, divorcio, o muerte es venir a permanecer solitarios. Al retirarse, la persona se está aislando de la ayuda, se está encarcelado en sí mismo.

Proverbios 28:26 ^{LBLA}
El que confía en su propio corazón es un necio, pero el que anda con sabiduría será librado.

¿Cómo caminamos con sabiduría?

1. Tú caminas con el Espíritu Santo.
2. Buscas al Señor para que camine contigo.

En tiempos de grandes traumas, es particularmente peligroso "confiar en nuestro corazón". Un corazón herido está en un estado débil y vulnerable o un comportamiento irracional. El aislamiento lleva a hacer cosas como: quedarse en la casa solo, salir a comer solo, escoger sentarte en la iglesia donde nadie se sienta y no hablar con nadie sobre su situación.

Génesis 2:18 LBLA
Y el SEÑOR Dios dijo: No es bueno que el hombre esté solo.

El Señor no diseñó al humano para estar solo, Una persona que camina en aislamiento está tratando de usar el orgullo en el dolor para sanar su alma del dolor, y quizás cubrirá la herida, pero nunca parará el dolor aislándose. El aislamiento no traerá sanidad al dolor. La persona que camina sola está sufriendo de compasión en sí mismo:

1. Primero ellos ponen vendas en su orgullo.
2. Después se confortan con caricias de ellos mismos.

Caminando de esa manera la persona está siendo ministrada por sí misma desde dos ángulos:

1. Primero están diciendo, " Yo no necesito a nadie!
2. Segundo puede pensar que no es digno de ninguna persona.

"Soy un perdedor." "No valgo nada a nadie." Esto es engaño de uno mismo y tiene que ser destruido. En resumen, al considerar los estragos que causa el divorcio no podemos negar que los efectos que sufre el alma son profundos porque lleva la ingeniería del alma impía.

La Atadura Formada en el Rompimiento Matrimonial

La Atadura Formada por Actividad Sexual Ilícita

5

La Atadura Formada por Actividad Sexual Ilícita

Todo el tiempo que una persona decide tener relaciones sexuales con otra, parte de esa persona es liberada dentro de la otra persona dejando un vacío en la persona que libera primero. Ese vacío que queda es lleno a la misma vez con parte de la otra persona, es decir, que ambos son llenos en alguna parte de su personalidad (esfera almática). Por lo tanto, si la personalidad de la otra persona es más dominante que la otra que libera, esa persona ejercerá más influencia sobre la otra, por ejemplo, si es avaro, es enojado, deprimido, débil, mentiroso o tal vez amoroso, gozoso, etc, va encontrarse que cada día va ir perdiendo parte de su personalidad y va a comenzar a sumergirse en el mundo de la otra persona.

Uno de los dos va a venir a ser el reflejo de un espíritu dominante que fue transferido a través de una relación íntima. En una relación íntima no es solamente el peligro de la enfermedad venérea eso lo dejó Dios para que el hombre tuviera límites, pero lo que Dios está buscando es impedir la contaminación de espíritus.

Proverbios 6:26-29 LBME

²⁶ *porque por una prostituta el hombre es reducido a un bocado de pan, y la mujer ajena **caza** una vida valiosa.* ²⁷ *¿Tomará el hombre fuego en su seno sin que se quemen sus vestidos?* ²⁸ *¿Andará el hombre sobre las brasas sin que se le quemen los pies?* ²⁹ *Así sucede con el que se enreda con la mujer de su prójimo; no quedará impune ninguno que la toque.*

La relación sexual ilícita es una forma de intoxicar el sistema de los hombres y mujeres, es intoxicar las semillas que están en los lomos y los vientres de las mujeres. Para desintoxicar a una persona, tan solamente una experiencia puede tardar varios años y esto solamente se logra a través de liberaciones hasta que ya no existan influencias ni recuerdos de la otra persona. Nadie puede pensar que es fácil caminar y olvidarse de la noche a la mañana, una vez que se ha hecho la conexión, la semilla dominante ha sido sembrada, regada y nutrida con cada encuentro. En resumen, la sexualidad que les transmite placer temporal deja o transmite espíritus inmundos que contaminan la genética de los individuos.

Relación:

El estado de ser relacionado o interrelacionado, la relación conecta o la relación es el atar de participantes. Sin embargo, el término apropiado de la relación sexual es intercambio sexual donde quedan atrapados de manera impía sexualmente.

Génesis 34:3 *RVR1960*
Y adhirióse de alma a Dina, la hija de Jacob; y amó a la joven y habló al corazón de la joven.

– *La Intimidad Sexual en el Matrimonio* –

Las insatisfacciones sexuales son herramientas que utilizan los espíritus inmundos para desarrollar la ingeniería del alma impía.

Hebreos 13:4 *LBLA*
Sea el matrimonio honroso en todos, y el lecho matrimonial sin mancilla, porque a los inmorales y a los adúlteros los juzgará Dios.

Muchas parejas se confunden sobre su sexualidad, no tanto con respecto a sus identidades sexuales sino con entender cómo relacionarse correctamente en una relación. La disfunción sexual es una fuente significativa de la frustración, del conflicto y de la falta de felicidad en muchas uniones matrimoniales. El descontento con el sexo es a menudo una de las causas o es la raíz de los problemas que se dan en experiencias extramaritales. Un porcentaje muy alto lo atribuye los errores y los pecados inmorales al descontento con su propia pareja. Es decir que, como no tienen un entendimiento respecto a la verdadera función y verdadero propósito del sexo, buscan en otra parte lo que esperan tener en su vida íntima. Las condiciones apropiadas para satisfacer la expresión sexual sufren una confusión, todas las parejas buscan respuestas sólidas y a menudo tienen apuro en encontrar una respuesta eficaz.

A esto le sumamos como nuestra sociedad moderna saturada de un concepto errado del sexo brinda a todos los matrimonios de la tierra una respuesta distorsionada de la realidad sexual.

En la época que vivimos:

Vivimos en una época en que las condiciones de la sexualidad se discuten más abierta y francamente que antes, pero mucha de esa discusión popular del sexo se basa en fantasías, en sueños e ideas humanas más que en la realidad y la sabiduría que debemos tener. Por todas partes donde nos movemos nos damos cuenta que somos bombardeados por imágenes y mensajes sexuales.

1. Las industrias de publicidad llenan los aires con influencia sexual.
2. Las películas en los cines o TV.
3. Los comerciales que se utilizan para vender lo que desean hacen alusión al sexo.

Sumemos también que hay gente que nos rodea que aparentemente no puede llevar a cabo una conversación a menos que esté conectada con referencias sexuales. A pesar que todo el mundo tiende de hablar del sexo, que todo pensamiento está enfocado al sexo y toda la propaganda está en relación con el sexo, la sociedad sigue siendo en gran parte ignorante del tema, porque todo el diálogo se basa en error e ideas falsas.

La iglesia moderna y su concepto acerca del sexo

Otra triste realidad es que en la iglesia moderna el tema del sexo se maneja como un tabú; muchas iglesias prefieren no hablar del asunto con los creyentes. Esto es trágico porque los creyentes, que conocen y siguen al Dios que creó y que estableció el sexo y sus parámetros apropiados, son ellos los encargados de poder hablar más inteligentemente y con confianza sobre este tema más que otras personas.

1 Timoteo 3:15 ^{LBLA}
pero en caso que me tarde, te escribo para que sepas cómo debe conducirse uno en la casa de Dios, que es la iglesia del Dios vivo, <u>columna y sostén de la verdad.</u>

De manera que los creyentes son a menudo un foro silencioso para el mundo; hablar del sexo les provoca vergüenza, tienen confusión, mucha timidez o en otro sentido el tema del sexo es demasiado personal o "espiritual". El pensamiento de algunas de estas instituciones es porque creen que el sexo no va con el tema de la Biblia, cuando la verdad es que la Biblia tiene mucho más que decirnos del propósito del sexo y de las relaciones sexuales de lo que la mayoría de la gente piensa.

1 Corintios 7:1-5 LBLA
¹ En cuanto a las cosas de que me escribisteis, bueno es para el hombre no tocar mujer. ² No obstante, por razón de las inmoralidades, que cada uno tenga su propia mujer, y cada una tenga su propio marido. ³ Que el marido cumpla su deber para con su mujer, e igualmente la mujer lo cumpla con el marido. ⁴ La mujer no tiene autoridad sobre su propio cuerpo, sino el marido. Y asimismo el marido no tiene autoridad sobre su propio cuerpo, sino la mujer. ⁵ No os privéis el uno del otro, excepto de común acuerdo y por cierto tiempo, para dedicaros a la oración; <u>volved después a juntaros a fin de que Satanás no os tiente</u> por causa de vuestra falta de dominio propio.

La sexualidad es fundamental al diseño de Dios y para el plan de la humanidad.

Génesis 1:28 LBLA
Y los bendijo Dios y les dijo: Sed fecundos y multiplicaos, y llenad la tierra y sojuzgadla; ejerced dominio sobre los peces del mar, sobre las aves del cielo y sobre todo ser viviente que se mueve sobre la tierra.

De manera que en el orden del cumplimiento de la agenda que Dios da al hombre incluye la actividad sexual como principio para cumplir con la multiplicación. Debido a la importancia de este tema y a la confusión extensa que existe hoy, es crucial que tengamos una comprensión bíblica de la sexualidad para contradecir los errores y la información falsa que es tan frecuente propagado en nuestra sociedad. Necesitamos entender lo que **no es el sexo**, y **qué es el sexo** y cuál es su propósito, así como establecer las pautas para la actividad sexual aceptable dentro del contexto de una unión bíblica para no caer en el proyecto de una "Ingeniería de alma impía" De manera que comenzaré diciendo lo siguiente acerca del sexo:

1- El sexo no es amor

En los ojos del mundo, el sexo y el amor son sinónimos. Incluso la lectura más ocasional de los periódicos de hoy atenta, también las revistas, los libros, los programas de televisión, las películas, etc.

1 Corintios 7:2 LBLA
Pero a causa de la inmoralidad sexual, cada hombre tenga su esposa, y cada mujer tenga su esposo.

1. Mucho del material en sexo lo asocian con el amor.
2. Esto no es más que una treta de los medios

que pretenden que se vea como algo inseparable, como si no hay diferencia entre ellos.

La excusa de esta errada visión es la filosofía que dice: "si usted me ama, deme una prueba de amor" y se refiere al sexo. Después de todo, ¿si el sexo y el amor son iguales, cómo puede usted decir que ama a alguien pero rechazar tener sexo con él o ella? La idea del sexo y el amor como sinónimos es una de las grandes mentiras con la cual este mundo ha pervertido el diseño original de Dios para la expresión, el disfrute y cumplimento sexual.

2- El sexo no es espiritual

El verdadero **amor** es espiritual en naturaleza. El **sexo** no lo es.

Proverbios 5:18-19 RVR1960
¹⁸ *Sea bendito tu manantial, Y alégrate con la mujer de tu juventud,* ¹⁹ *Como cierva amada y graciosa gacela. Sus caricias te satisfagan en todo tiempo, Y en su amor recréate siempre.*

1. El sexo es 100% físico y químico. Por eso entramos en problemas cuando tratamos de comparar el amor con el sexo.
2. El amor verdadero es una unión espiritual entre dos personas, es el reunir espíritu a

espíritu. El **sexo** es un acoplamiento físico entre dos personas es acoplar carne a carne.
3. El sexo practicado apropiadamente es hermoso y completo. Viene a ser la expresión física del acoplamiento espiritual de un verdadero amor.

La distinción:

Entender la diferencia nos ayudará de guardarnos contra las ideas extrañas en las cuales la gente cae presa siendo aún creyentes.

1. El sexo es una experiencia física que se disfruta, pero en sí mismo no tiene nada espiritual sobre él.
2. La actividad sexual no te sirve para que veas al Señor o para que estés cerca de Él.
3. El sexo es un producto de la parte humana, es parte nuestro maquillaje y no tiene nada que ver con nuestra espiritualidad.

Algo que Dios si dice es que todos nosotros debemos tener control sobre el apetito sexual y que puede ser traído a control y puesto en sujeción por el Espíritu, recuerde que nuestro espíritu esta supuesto a gobernar la carne.

Gálatas 5:18-19 [LBLA]
[18] Pero si sois guiados por el Espíritu, no estáis bajo la ley. [19] Ahora bien, las obras de la carne son evidentes,

La Atadura Formada por Actividad Sexual Ilícita

las cuales son: inmoralidad, impureza, sensualidad,...

3- El sexo es un apetito

El sexo uno de los muchos apetitos que Dios construyó en nosotros cuando nos creó. No importa como quiera usted llamarlo: hambre, pasión, no importa.

- Tenemos apetito por comida.
- Tenemos apetito por agua.
- Tenemos aptito por dormir.
- Tenemos apetito por Dios.

Todo esto es normal porque Dios lo diseñó para nosotros. Todo apetito comienza en nivel de cero. La habilidad por un apetito está siempre presente, pero esta capacidad está en cero hasta que es activada. Un recién nacido desarrolla un apetito y capacidad por la comida mucho antes que nacer porque es nutrido por su madre a través del cordón umbilical, por eso lo primero que un recién nacido quiere hacer es comer, porque el apetito está activado. El recién nacido tiene apetito porque ha sido activado aunque él no sepa que está hambriento, de manera que lo padres activan el apetito de sus hijos según sus edades al introducirlos a la comida sazonada, dulce, etc.

La razón del hambre: La razón es porque

tenemos químicos en nuestro estómago y zona digestiva que viene a activar y dar una señal a nuestro cerebro diciéndole que necesita comida. Necesitaremos alimento dependiendo desde cuándo fue la última vez que comimos. El punto que estoy tratando de decir es que no solamente podemos satisfacer nuestros deseos, sino que también podemos controlarlos.

Todos los apetitos son así, todas nuestras hambres están sujetas a nuestra voluntad, esta es la justa verdad porque nuestro apetito sexual es por otra persona y debe de ser controlado por otra persona dentro del matrimonio.

1 Tesalonicenses 4:3-4 LBLA
³ *Porque esta es la voluntad de Dios: vuestra santificación; es decir, que os <u>abstengáis de inmoralidad sexual</u>;* ⁴ *<u>que cada uno de vosotros sepa</u> cómo poseer su propio vaso en santificación y honor,*

1 Tesalonicenses 4:4 RVA
que cada uno de vosotros <u>sepa controlar</u> <u>su propio cuerpo</u> en santificación y honor,

El énfasis es controlar el apetito sexual, reservar la expresión sexual dentro del contexto del matrimonio únicamente (vaso, cuerpo y esposa = #4632 Skeuos).

– El Propósito del Sexo –

Dios nos creó con naturaleza sexual, masculina o femenina, de manera que la expresión sexual puede ocurrir dentro del cuidado y limite específico que Dios estableció.

- Fuera de ese límite es un gran problema, hay culpa, temor, dolor, decepción y angustia.
- Contrario a ellos. el sexo diseñado por Dios tiene tres propósitos: procreación, recreación y comunicación.

1- El propósito del sexo en la procreación:

El principal propósito ha sido la procreación es decir reproducir para popular la tierra. Yo sé que muchos pensarán que eso ya no es necesario porque estamos repoblados (pero hay un sentir dentro de cada pareja recién casada de tener hijos).

Génesis 1:28 LBLA
Y los bendijo Dios y les dijo: Sed fecundos y multiplicaos, y llenad la tierra y sojuzgadla; ejerced dominio sobre los peces del mar, sobre las aves del cielo y sobre todo ser viviente que se mueve sobre la tierra.

Así podríamos encontrar muchas referencias que indican que la reproducción humana es fundamental en el plan de Dios.

Salmo 127:3-5 LBLA
³ He aquí, don del SEÑOR son los hijos; y recompensa es el fruto del vientre. ⁴ Como flechas en la mano del guerrero, así son los hijos tenidos en la juventud. ⁵ Bienaventurado el hombre que de ellos tiene llena su aljaba; no serán avergonzados cuando hablen con sus enemigos en la puerta.

Por eso Dios bendecía el fruto del vientre.

Deuteronomio 7:12-13 LBLA
¹² Y sucederá que porque escuchas estos juicios y los guardas y los pones por obra, el SEÑOR tu Dios guardará su pacto contigo y su misericordia que juró a tus padres. ¹³ Y te amará, te bendecirá <u>y te multiplicará; también bendecirá el fruto de tu vientre</u> y el fruto de tu tierra, tu cereal, tu mosto, tu aceite, el aumento de tu ganado y las crías de tu rebaño en la tierra que Él juró a tus padres que te daría.

Hay otros pasajes que podríamos mencionar pero creo que estos son suficientes para demostrar que el primer propósito del sexo es la **procreación**.

2 – El sexo es para disfrute y relajamiento

Como el propósito de la procreación es el lado práctico, lo hace necesario al sexo, pero por otro lado tiene también es un maquillaje de gozo y placer que no tiene nada que ver con la procreación. Es aquí donde muchos creyentes pueden fallar con su franqueza al no aceptar que Dios ha diseñado el sexo para el disfrute del matrimonio.

Esta parte del sexo tiene que ver con la franqueza en la intimidad que tienen dos que se aman de verdad (la Biblia nos hace referencia de este dialogo).

Cantares 4:1-16 LBLA

Cuán hermosa eres, amada mía. Cuán hermosa eres. Tus ojos son como palomas detrás de tu velo; tu cabellera, como rebaño de cabras que descienden del monte Galaad.³ Tus labios son como hilo de escarlata, y tu boca, encantadora. Tus mejillas, como mitades de granada detrás de tu velo. ⁵ Tus dos pechos, como dos crías mellizas de gacela, que pacen entre lirios. ⁶ Hasta que sople la brisa del día y huyan las sombras, me iré al monte de la mirra y al collado del incienso. ⁷ Toda tú eres hermosa, amada mía, y no hay defecto en ti. ⁸ Ven conmigo desde el Líbano, esposa mía, ven conmigo desde el Líbano. Baja desde la cumbre del Amaná, desde la cumbre del Senir y del Hermón, desde las guaridas de leones, desde los montes de leopardos. ⁹ Has cautivado mi corazón, hermana mía, esposa mía; has cautivado mi corazón con una sola mirada de tus ojos, con una sola hebra de tu collar. ¹⁰ ¡Cuán hermosos son tus amores, hermana mía, esposa mía! ¡Cuánto mejores tus amores que el vino, y la fragancia *de tus ungüentos que todos los bálsamos!* [11] *Miel virgen destilan tus labios, esposa mía, miel y leche hay debajo de tu lengua, y la fragancia de tus vestidos es como la fragancia del Líbano.*[12] *Huerto cerrado eres, hermana mía, esposa mía, huerto cerrado, fuente sellada.*[13] *Tus renuevos son paraíso de granados, con frutas escogidas, alheña y nardos,*[14] *nardo y azafrán, cálamo aromático y canela, con todos los árboles de incienso, mirra y áloes, con todos los mejores bálsamos.*[15] *Tú eres fuente de huertos, pozo de aguas vivas, y corrientes que fluyen del Líbano.* [16] *Despierta, viento del norte, y ven, viento del sur; haced que mi huerto exhale fragancia, que se esparzan sus aromas. Entre mi amado en su huerto y coma sus mejores frutas.*

De manera que el sexo fue diseñado por Dios para disfrute de una pareja dentro del contexto del matrimonio y no tiene nada de inmoral.

3 – El sexo es para la comunicación íntima

El siguiente propósito que el sexo tiene es el diseño de la comunicación íntima. No hay substitución para la conversación abierta y honesta entre un marido y una esposa, pero en un ambiente íntimo la comunicación es animada, por la consumación sexual por que allí se proporciona un grado de intimidad y de comunión que va más allá de las palabras, nada o nadie puede experimentar más intimidad o experimentar tal

La Atadura Formada por Actividad Sexual Ilícita

conexión si no es a través de la relación sexual.

Esta conexión es de tal manera que implica lo físico, lo emocional y lo mental, de manera que Dios lo diseño exclusivamente dentro del matrimonio.

Génesis 2:24 ^{LBLA}
Por tanto el hombre dejará a su padre y a su madre y se unirá a su mujer, y serán una sola carne.

1. Esta relación no tiene rival.
2. Ninguna otra relación tiene esta alta prioridad como la tiene el matrimonio.

4 – El sexo es una deuda a responder en el matrimonio

Cuando se experimenta lo disfuncional o el descontento sexual en el matrimonio, no es tanto una inhabilidad del esposo o de la esposa, sino que se deben reconocer las necesidades sexuales y las sensibilidades que están implícitas en cada pareja.

Génesis 2:24 ^{RVR1960}
El marido cumpla con la mujer el deber conyugal, y asimismo la mujer con el marido.

1 Corintios 7:3 ^{RVA}
El marido pague á la mujer la debida benevolencia; y

asimismo la mujer al marido.

Tenemos que estar dispuestos a mirar más allá de nuestras propias sensaciones y perspectiva y ver a los de nuestra pareja. Eso significa ser consciente y aceptar que cuando nosotros no deseamos o no tenemos deseo de tener relaciones íntimas en ese momento con nuestra pareja, eso no significa que nuestra pareja tiene el mismo sentir.

La naturaleza sexual en el matrimonio

Continuando con este tema y tratando de llegar a una verdad como al principio respecto a las relaciones íntimas en el matrimonio necesitamos considerar la multiplicidad de ideas y actitudes acerca de la actividad sexual que existe en el mundo de hoy. Primeramente debo decir que hoy en día, muchas parejas, incluyendo creyentes, están confusas respecto a lo que es apropiado o no, es decir cuál es la conducta sexual apropiada que el creyente debe seguir dentro de su intimidad matrimonial.

1. ¿Qué es lo moral?
2. ¿Qué es lo limpio?
3. ¿Qué es lo correcto?
4. ¿Qué es lo apropiado?
5. ¿Y qué no lo es?

La Atadura Formada por Actividad Sexual Ilícita

1 Corintios 7:2 ^{LBLA}
No obstante, por razón de las inmoralidades, que cada uno tenga su propia mujer, y cada una tenga su propio marido.

Esta confusión dentro del matrimonio en mucha gente se debe al trasfondo que se trae del mundo, que promueve que cualquier cosa va y es aceptable en el sexo. En los ojos de nuestra sociedad nada es inmoral.

Por ejemplo: La pornografía, homosexualidad, la lujuria o sexo en grupo, el bestialismo, el sadomasoquismo, etc (hablare más adelante sobre el homosexualismo). Pero estas cosas que le acabo de mencionar se sugieren en el mundo para potencializar y llevar, aparentemente, a la eficacia la experiencia sexual.

– *Los Parámetros y Límites* –

Ya dijimos que fue Dios quien inventa y diseña el sexo en el cuerpo del hombre y la mujer, fue Dios también quien diseña el cuerpo del hombre y la mujer de manera que respondan ambos de acuerdo a ese diseño dentro del contexto del matrimonio.

1 Tesalonicenses 4:3-4 ^{LBLA}
[3] *Porque esta es la voluntad de Dios: vuestra*

*santificación; es decir, que os **abstengáis de inmoralidad sexual**; ⁴ **que cada uno de vosotros sepa** cómo poseer su propio vaso en santificación y honor.*

Entonces Dios mismo estableció la guía y parámetros en los cuales o por lo cuales el sexo puede ser ejercido moralmente. A partir de aquí explicaré de manera muy delicada algunos principios que Dios estableció para que existiera límite y moral en la relación sexual. De manera que será necesaria una mente madura y espiritual para entender la explicación que estoy a punto de dar.

1- *El principio del lugar apropiado*

Al hablar de principio nos daremos cuenta que debemos de ir a lo que fue primero y que se estableció para que permaneciera así.
Este principio es llamado así: "El principio del lugar apropiado". Este es el principio fundamental de la creación en el cual se da a entender que cada cosa debe de ir en el lugar apropiado, cada cosa debe de **quedar**, **encajar y ajustar**. Al aplicar este mismo **principio** a la sexualidad humana, nos permite ver la verdad y límite en la relación íntima matrimonial.

1. Es decir que los órganos genitales del hombre y la mujer fueron diseñados y

colocados en un lugar del cuerpo para que se ajustarán, quedarán, encajarán apropiadamente.
2. Es decir que solo hay una parte en el cuerpo humano donde existe el diseño original para la actividad sexual en el matrimonio.

Cualquier otra actividad que va más allá del diseño que Dios, viola el principio del "Lugar apropiado" y se convierte en **perversión**.

La perversión: La perversión simplemente significa: Él abuso o mal uso, o mala representación de un diseño original. (Mal uso del propósito original); Perversión: #8397 /tebel/ significado: confusión, violación de la naturaleza o del orden divino.

Deuteronomio 32:18-20 RVA
De la Roca que te crió te olvidaste: Te has olvidado del Dios tu criador ¹⁹ *Y violo Jehová, y encendióse en ira, por el menosprecio de sus hijos y de sus hijas.* ²⁰ *Y dijo: Esconderé de ellos mi rostro, Veré cuál será su postrimería: Que son generación de perversidades, Hijos sin fe.*

Déjeme hacer un paréntesis en este momento y hablar del homosexualismo. El homosexualismo es un pecado, es una perversión del diseño original de la función de la sexualidad humana porque es practicado violando el del **principio del lugar apropiado**. De manera que todos los actos que violan el principio del lugar apropiado es una conducta sexual inapropiada. Esto incluye también todo aquello que no es saludable, todo aquello que causa dolor, todo aquello peligroso, todo aquello donde la pareja forzó al otro, donde uno de los dos se siente incómodo. Todo eso es considerado inapropiado, una base sólida para todo esto que hemos mencionado y que es un principio también para muchas cosas en la vida es:

1 Corintios 10:23-24 JBS
23 Todo me es lícito, mas no todo conviene: todo me es lícito, mas no todo edifica. 24 Ninguno busque su propio bien, sino el del otro.

De manera que la medida para lo apropiado en la intimidad sexual es lo que el apóstol Pablo dice, Ver si me **edifica**. Para continuar hablemos también un poco de la **ley moral**.

2 – El principio de la ley moral natural

La ley moral es la que sufre el impacto a través de actos pervertidos de conducta sexual inapropiada (también la homosexualidad y el lesbianismo).

Romanos 1:25-27 LBLA
25 porque cambiaron la verdad de Dios por la mentira,

y adoraron y sirvieron a la criatura en lugar del Creador, que es bendito por los siglos. Amén.[26] Por esta razón Dios los entregó a pasiones degradantes; porque <u>sus mujeres cambiaron la función natural por la que es contra la naturaleza;</u> [27] y de la misma manera también <u>los hombres,</u> abandonando <u>el uso natural de la mujer,</u> se encendieron en su lujuria <u>unos con otros,</u> cometiendo <u>hechos vergonzosos hombres con hombres,</u> y recibiendo en sí mismos el castigo correspondiente a su extravío.

Necesito explicar primeramente acerca de la ley moral o natural para definir por qué Dios no creó el sexo para practicarlo en otras partes del cuerpo como el homosexual. Fuera del diseño original de Dios, la conducta sexual inapropiada es un intento satánico en contra de la creación de Dios, para que se aborte la semilla de restauración de la imagen de Dios.

La ley moral no la inventó el hombre: ni tampoco es un producto de un gobierno o de alguna ley social o sistema de educación.

1. Moralidad es el producto natural de la creación.
2. La moralidad obedece a lo moral porque es herencia inherente de la naturaleza a la que pertenecemos.
3. Cualquiera que hable de moral debe de saber que no es inventada por el hombre,

La Ingeniería del Alma Impía

fue Dios que la puso en cada naturaleza.

Primero: La creación tiene herencia de moralidad natural internamente.
- Plantas, aves, animales, peces, el hombre: donde ellos viven y crecen allí hay ley natural.

Segundo: Moralidad natural es:
- La relación natural que existe con la manera o diseño de ser creado para preservar la creación. "Es decir que es para que haya una función natural en cada cosa"
- Por ejemplo: el ave debe volar, el pez debe nadar, la semilla necesita la tierra etc.

Tercero: Toda la creación contiene componentes naturales.
- Es natural que el hombre se sienta atraído por una mujer (no es natural que se sienta atraído por otro hombre o por un animal).
- Dios maldice lo contrario a lo natural según la Biblia.
- El problema comienza cuando se trata de actuar anormal.

Cuarto: La invalidación de los principios morales resulta con la destrucción de lo natural.
- Cuando alguien invalida los principios morales, naturalmente es destruido, no

necesita que nadie lo destruya, se destruye por sí solo.
- Se desintegra por si solo ese es el principio de la destrucción.
- La creación humana es diferente a la demás creación porque Dios la hizo de clase alta.
- Poseemos la imagen de Dios, lo que significa imagen natural o moral por Dios o carácter de Dios.
- Por eso Él nos hace responsables de nuestra escogencia o decisiones.

Romanos 1:32 ^{LBLA}
los cuales, aunque conocen el decreto de Dios que los que practican tales cosas son dignos de muerte, no sólo las hacen, sino que también dan su aprobación a los que las practican.

Quinto: La ley natural no está sujeta a la ley humana.
- La ley natural debe de estar sujeta a la vida natural.
- Ninguna ley, ni debates, ni científicos, ni sexólogos, ni el gobierno pueden cambiar las funciones naturales del cuerpo.
- Las pasiones, las inclinaciones, los intereses, los deseos inapropiados no pueden cambiar la ley natural del cuerpo.

Sexto: Todo aquello que se niega a responder a la

ley natural es inmoral, es anti-natural.
- No responder a la ley natural es considerado defectuoso y apartado para destrucción.
- Por eso Dios cuando la humanidad se niega a la ley natural es destruido por sí mismo. (SIDA)
- Aunque el comportamiento se puede cambiar en una persona de buena a mala o de malo a bueno. Ese comportamiento no invalida la ley natural.
- Cuando alguien elige relaciones inapropiadas, la ley natural continúa diciendo que lo que hace va en contra de su naturaleza.

De manera que nosotros como hijos de Dios estamos llamados a recuperar el diseño original para nuestro matrimonio y que las relaciones íntimas no sean afectadas por la ingeniería del alma impía.

El sexo fue primeramente idea de Dios y no del hombre

Con base a que fue Dios quien diseñó el sexo para el hombre y la mujer dentro del contexto del matrimonio, Él puede hacer una declaración de propiedad y propósito.

La Atadura Formada por Actividad Sexual Ilícita

1 Corintios 6:13 ^{RVA}
Las viandas para el vientre, y el vientre para las viandas; empero y á él y á ellas deshará Dios. <u>Mas el cuerpo no es para la fornicación</u>, sino para el Señor; y el Señor para el cuerpo:

En este verso no se dice que el cuerpo no fue hecho para el sexo, sino que no fue hecho para la fornicación, simplemente dice que no fue hecho para la inmoralidad, y no es un texto dirigido al soltero sino que va dirigido también al matrimonio que practica inmoralidad.

Los cuerpos no fueron hechos para la inmoralidad. El cuerpo fue hecho para responder sexualmente dentro del contexto matrimonial pero no para lo inmoral.

1 Corintios 6:18 ^{RVA}
Huid la fornicación. Cualquier otro pecado que el hombre hiciere, fuera del cuerpo es; mas el que fornica, contra su propio cuerpo peca.

Dentro de cada cuerpo existe "La ley sexual" de manera que cuando el cuerpo experimenta lo inmoral algo sucede dentro del cuerpo. La experiencia es de culpabilidad, sea que lo admita o no, es como una voz silenciosa que se escucha por dentro que le dice: eso no es lo correcto. ¿Qué pasa con esa experiencia de culpabilidad? El hecho de tener esa ley por dentro hace que el mismo cuerpo produzca sustancias químicas en sus cuerpos y ellas hacen que el cuerpo se sienta mal. La ciencia misma ha comprobado que en el cuerpo no hay hormonas ni químicos que puedan manejar el sentimiento de culpa que siente el humano. Solamente la sangre de Cristo puede quitar la culpa del pecado.

- El cuerpo fue creado para ser usado en lo que Dios estableció, Dios puso límites para el compartimiento sexual.
- Nosotros podemos y debemos disfrutarlo, podemos tener toda la diversión pero dentro de los limites.

De manera que Dios habla negativamente del sexo solo con relación al mal uso de ello y la Biblia lo señala como fornicación o pecado del cuerpo, e inmoral como contrario a lo natural.

3- El principio del límite del pacto matrimonial

Aparte de lo que mencione antes respecto a la experiencia de culpabilidad por causa de la inmoralidad.

1. La experiencia intima matrimonial dentro del límite que Dios establece nos permite disfrutarlo y sentir paz, una completa paz.
2. No se experimenta vergüenza.

La Atadura Formada por Actividad Sexual Ilícita

3. No experimenta temor.
4. Existe tanta libertad dentro de los límites de Dios.

Deuteronomio 24:5 RVA
Cuando tomare alguno mujer nueva, no saldrá á la guerra, ni en ninguna cosa se le ocupará; libre estará en su casa por un año, para alegrar á su mujer que tomó.

La compresión y el entendimiento que tengas acerca de lo que es lícito y lo que no conviene té permitirán determinar lo que es aceptable.

El Diseño de la Sexualidad en el Hombre y la Mujer

6

A este punto es a donde he querido llegar, para hablar del pago conyugal o débito conyugal. Pero para comprenderlo esto de manera profunda, será necesario hablar del diseño del hombre y de la mujer y de la forma de responder al deseo de la relación íntima en cada uno (hombre y mujer).

1 Corintios 7:3 LBME
El esposo cumpla con su esposa el deber conyugal; asimismo la esposa con su esposo.

1 Corintios 7:3 SRV
El marido pague á la mujer la debida benevolencia; y asimismo la mujer al marido.

– *El Diseño Físico del Hombre* –

Comencemos con el hombre y para eso debo decir que el pasaje anterior no tiene sentido si no lo entendemos de la siguiente manera.

1. El hombre siempre está listo para responder sexualmente por causa de su diseño (tal vez alguien diga: ese pasaje no

es para mí porque ese no es mi problema).
2. Y ciertamente él no tiene problema a responder por que tiene un diseño de dador, de manera que es natural en el estar siempre listo.
3. Su energía sexual nunca se detiene, se mantiene en un estado de disposición (por lo menos hasta pasar los 48 años en adelante en algunos casos).
4. Sin embargo, en la mujer no es así, y cuando el hombre no es correspondido como él espera es cuando este texto tiene sentido porque al no ser correspondido se siente ofendido o lastimado.
5. Emocionalmente se siente mal y aun rechazado de manera que no se le está dando el pago que corresponde.

Es aquí donde se necesita comprender que el hecho de la respuesta que se espera está basada primero en entender que ella es diferente y que todo lo que involucra **deuda** o **débito** conyugal va más allá o viene desde antes del momento de la relación íntima (explicaré en detalles después del diseño de la mujer).

El Diseño Físico de la Mujer

El diseño físico de la mujer para responder a la experiencia intima matrimonial es muy diferente a la del hombre.

1. El diseño de la mujer es diferente al hecho de responder sexualmente; ella no siempre esta lista.
2. Porque el cuerpo de ella ha sido diseñado por Dios para responder dentro de un ciclo.
3. Ella responde más efectivamente solo en ciertos días.
4. La mujer necesita ser tratada con cierta sensibilidad por parte de su esposo.
5. Cuando ella le pide un abrazo a su esposo no significa necesariamente ir a la cama, sino que quiere sentir el afecto primero.
6. Porque su diseño la hace responder recibiendo primeramente afecto porque es una **recibidora** y el hombre un **dador**.

En este sentido es donde se ve la necesidad, de que cada uno se interese y aprenda a conocer más del diseño de cada uno para pagar con una respuesta favorable el débito conyugal y así para el éxito en su vida matrimonial.

1 Corintios 7:3-5 LBLA
*³ **Que el marido cumpla** su deber para con su mujer, e igualmente la mujer lo cumpla con el marido. ⁴ La mujer no tiene autoridad sobre su propio cuerpo, sino el marido. Y asimismo el marido no tiene autoridad sobre su propio cuerpo, sino la mujer. ⁵ No os privéis el uno del otro, excepto de común acuerdo y por cierto*

tiempo, para dedicaros a la oración; volved después a juntaros a fin de que Satanás no os tiente por causa de vuestra falta de dominio propio.

– Los Cumplimientos y Deberes para la Buena Relación –

1. **Las consideraciones.**
   - El respeto debe de existir en los asuntos sexuales por que al no tenerlo como consideración y se pierde se cae en una violación sexual aunque se esté casado.
   - En cada relación debe de estar presente lo siguiente: sensibilidad, paciencia, cuidado y afecto.

2. **Las necesidades satisfechas.**
   - El hecho de que uno de los dos se siente satisfecho no quiere decir que el otro lo esté.
   - Cada uno está obligado a suplir la necesidad del otro porque las necesidades de cada uno son diferentes al otro.

3. **Significado de lo emocional.**
   - Dar afecto significa crear un ambiente para las expresiones emocionales.
   - Significa prestar atención a los detalles por pequeños que sean, deben ser

considerados con mucho valor.

4. <u>Sin cumplimientos se desea el fin antes de comenzar.</u>
   – Cuando no se consideran los cumplimientos y deberes se corre el peligro de odiar la experiencia.
   – Cuando uno solo piensa es su cumplimiento está haciendo sentir a su pareja como que estuviera solo(a).

El hombre puede que sepa mucho del sexo pero necesita ser entrenado para dar afecto a su pareja en cambio la mujer puede ser que no sepa mucho de sexo pero responde y recompensa a su pareja cuando le dan afecto, tanto el hombre y la mujer necesitan el afecto que crea la atmósfera para la unión sexual en el matrimonio. La atmósfera para la unión sexual es una cosa previa, el acto sexual es diferente y prosigue a la atmósfera que es por el afecto.

Aprender a llenar esas necesidades el uno al otro es causar que el otro voluntariamente responda a las tuyas, saber que al enfocarte en las necesidades de tu pareja te llevara a que tu matrimonio sea bendecido y estés completo sin quejarte de nada y sin dar lugar a la ingeniería del alma impía.

El amor Eros no es el fundamento del principio

Referir a Eros como amor sexual no es realmente muy exacto, porque en sentido estricto, el sexo no tiene nada que ver con el amor verdadero.

- El sexo puede ocurrir sin amor; sucede en cualquier momento o tiempo.
- El amor puede existir sin sexo; los dos no son dependientes uno del otro.

Dentro de los límites sagrados de la unión según lo establecido y ordenado por el Creador, el sexo es una pasión o fuego, que sirve para una íntima relación, y una expresión hermosa del amor autorizado por Él.

Efesios 5:2-3 LBLA

² y andad **en amor**, así como también Cristo os amó y se dio a sí mismo por nosotros, ofrenda y sacrificio a Dios, como fragante aroma. ³ **Pero que la inmoralidad**, y toda impureza o avaricia, ni siquiera se mencionen entre vosotros, como corresponde a los santos;

Pero por sí mismo no es amor. Aquí es donde el punto de vista del mundo le ha dado una contraria interpretación totalmente.

Los Antiguos Griegos (Platón)

Fue Platón quien llama al Eros el amor natural, según Platón todo ser humano lo posee, esta inherentemente; fue conocido por eso como el Eros platónico. Los antiguos Griegos se deleitaban en el amor-Eros, incluso dentro de lo que ellos consideraban amar adoraban la belleza del cuerpo humano y de la sexualidad.

1. El Eros era su palabra para referirse a la actividad sexual en todas sus formas, y lo miraban como un tipo de amor.
2. El Eros era también el nombre que los Griegos le dieron al dios del amor.

La adoración del dios Eros involucraba, entre otras cosas, actos de prostitución y rituales de sexo. El dios Eros todavía reina en cada segmento de la sociedad, de tal manera que millones de gente adoran diariamente en el altar del Eros y lo llaman amor. Ese altar es un punto de aprovechamiento de las fuerzas de las tinieblas para desarrollar la ingeniería del alma impía.

La palabra Eros

En su sentido más completo y más literal, La palabra Eros abraza el deseo, porque significa anhelar, y significa también tener deseos sexuales sin el respecto por la santidad; es también el éxtasis sensual que se practica sin la moderación. Eros es un deseo de apropiarse de aquello que le hace falta, es por eso una sed, que le da gozo hasta que lo ha conseguido.

Otra palabra para describir Eros: Otra palabra para describir <u>Eros sería lujuria</u>; la cual es completamente egoísta en su base, Eros intenta satisfacer su lujuria a expensas de otras personas.

- El llamado amor-Eros es totalmente sensual.
- Se centra en el estímulo físico de los cinco sentidos: La vista, El olfato, el oír, el gusto, y el tacto.

Los deseos y las ansias son despertados por esos sentidos porque es físico en naturaleza.

El amor Eros

Es controlado por reacciones químicas y por las interacciones dentro del cuerpo.

1. Como tal es conducido totalmente por la carne, lo que la carne desea, eso busca para agradar al Eros.
2. Es un amor erótico, por lo tanto viene hacer amor emocional, aprovisionado de un combustible llamado emociones, y por lo tanto tiene subidas y caídas.

El verdadero amor en contraste, es constante, y no es motivado ni controlado por emociones, una persona que es conducida por el amor-Eros solamente ve a su pareja nada más que un objeto del sexo, un blanco para conquistar. Es un estado triste en nuestra sociedad moderna que tan a menudo es animado por la visión sus desafíos son poder ganar a otros y satisfacer sus deseos bajo el título de amor, las relaciones construidas alrededor del Eros solamente duraran mientras la atracción física este como prioridad. En su egoísmo, el Eros no tiene ningún respeto para las sensaciones o los deseos de las otras personas, estando interesado solamente en la satisfacción personal que puede conseguir de esa persona.

- El Eros sabe poco y cuida menos de la dignidad o del reajuste humano.
- Su deseo esta fuera de control, y mientras su filosofía sea, "lo deseo" no le importa lo demás.

– *El Programa de Perversión de la Creación* –

Con anterioridad había mencionado que usaría un capítulo para hablar acerca de la homosexualidad en los días finales como parte también de la ingeniería del alma impía. Esto es importante porque hay muchos creyentes en las iglesias cristianas que batallan con este problema y muchos ministros no saben cómo trabajar con estas personas en orden de llevarlos a la libertad de esta atadura.

Lucas 17:28-30 LBLA
Fue lo mismo que ocurrió en los días de Lot: comían, bebían, compraban, vendían, plantaban, construían;[29] *pero el día en que Lot salió de Sodoma, llovió fuego y azufre del cielo y los destruyó a todos.*[30] *Lo mismo acontecerá el día en que el Hijo del Hombre sea revelado.*

No cabe duda que lo declarado en las Santas Escrituras se está cumpliendo tal como lo dijo nuestro Señor Jesucristo. La era en la cual vivimos fue advertida por el Señor, diciendo o dando a entender el grado de perversión que se viviría, de tal manera que exhorto a los creyentes del tiempo final que consideraran que cuando eso sucediera es que su venida estaba cerca.

Al mencionarse los días de Lot no podemos pasar por alto que esos días estaban relacionados con la vida anti-natural o para ser específico las costumbres homosexuales y lesbianismo. La razón de estas enseñanzas es para explicarles lo que significa espiritual, social, cultural y que como pueblo de Dios mantengamos la verdad respecto a esto y saber que nuestra responsabilidad será exponerla a nuestros hijos antes que de manera tergiversada llegue otra información diciendo que esas uniones son normales y para que no caigan en la aprobación de esa conducta pecaminosa.

Lo que no es este estudio

1. No pretendemos fomentar ningún espíritu de odio o violencia en contra de las personas con esa desviación.
2. No buscamos crear una persecución y destruir a las personas que mantiene este comportamiento.

Lo que sí es este estudio

En primer lugar, es mi responsabilidad como siervo de Dios explicar que esto no es un debate entre la religión y el homosexualismo y lesbianismo. Este estudio es para aclarar la posición bíblica de esta situación. Este estudio es para explicar la importancia del impacto que tiene esta situación en lo social, cultural y espiritual.

1. El homosexualismo y lesbianismo no es una situación religiosa.
2. El homosexualismo y lesbianismo es la invalidación de la naturaleza o ley natural (por eso en Romanos 1: llama a esto Anti-natural).
3. El homosexualismo y lesbianismo es

inmoral.
4. El homosexualismo y lesbianismo contradice lo natural y lo científico.
5. El homosexualismo y lesbianismo destruye el diseño original de la creación.

El homosexualismo y lesbianismo es un programa de conducta anti-natural que altera el orden natural de la creación y es opuesto a la misión de re-conectar al hombre al Reino de Dios.

– Las Definiciones del Homosexualismo y Lesbianismo –

1. La expresión de afecto mutuo que conduce a la intimidad sexual entre personas del mismo sexo.
2. Es el intento de expresar a través de un acto sexual con persona del mismo sexo.
3. Es un **intento** solamente porque nunca llegarán a completar o expresar ese afecto.
4. Es imposible completar toda consumación entre dos hombres o dos mujeres.
5. Es solo un intento, porque biológica, científica, y fisiológicamente es imposible.
6. Biológicamente es imposible, científicamente, fisiológicamente por eso es solo un intento.
7. Homosexualismo es dos de naturaleza

masculino
8. Lesbianismo es dos de naturaleza femenino.

Otras palabras usadas para referirse a la homosexualidad:

La palabra gay se comenzó a usar entre los homosexuales y lesbianas después de los años 1970. Antes esta palabra se expresaba para referirse a alguien alegre, feliz, animado, libre, excitado. Creo que la iglesia debe de informarse muy bien de toda esta situación para que sepa cómo comunicar la verdad a sus hijos y la posición bíblica, de Dios respecto al homosexualismo antes que la información llegue por otras fuentes que pretenden presentarlo como algo normal.

Objetivo del homosexualismo

1- Formalizar ante la sociedad sus actividades.
2- Deseo de formalizar su estilo de vida alterado, supuestamente con dignidad y tener los beneficios.
3- Tener todos los derechos, tradiciones, lo natural de la institución llamada matrimonio.

El homosexualismo y el lesbianismo es un

El Diseño de la Sexualidad en el Hombre y la Mujer

programa de perversión.

Definitivamente esto es un atentado contra el plan de Dios o del propósito original de Dios. A través del mensaje del Reino se busca reconectar al hombre con su Creador y reconstruir en el hombre el propósito original de su nacimiento o creación. Parte de ese propósito lo miramos brevemente en lo que el profeta Isaías dice de parte de Dios.

Isaías 43:12 LBLA
*Yo soy el que lo he anunciado, he salvado y lo he proclamado, y no hay entre vosotros dios extraño; vosotros, pues, **sois mis testigos** -- declara el SEÑOR -- y yo soy Dios.*

Según este pasaje el Señor nos deja ver que Él nos salva para ser sus testigos. La palabra **testigos** #5707 "**ED**" en el concepto Hebreo es **duplicados**. Y su raíz es la palabra "**UWD**" o "**OOD**" #5749 que significa: Repetido o Duplicado.

El homosexualismo y lesbianismo es intento de impedir que la creación sea el duplicado de Dios aquí en la tierra. Es como abortar él propósito original de Dios. Abortar la semilla del destino de Dios con la creación.

– Los Días de Lot –

Pero para comprender los días literales de Lot es necesario que demos un vistazo a la historia bíblica y de la humanidad de los primeros 4 mil años, y así comprender los días de Lot espiritualmente, es decir, a lo que nuestro Señor Jesús se refirió al mencionar esos días.

Los días literales de Lot:

Génesis 19:4-5 LBLA

⁴ Aún no se habían acostado, cuando los hombres de la ciudad, los hombres de Sodoma, rodearon la casa, tanto jóvenes como viejos, todo el pueblo sin excepción.⁵ Y llamaron a Lot, y le dijeron: ¿Dónde están los hombres que vinieron a ti esta noche? Sácalos para que los conozcamos.

Los días espirituales de Lot:

Lucas 17:28 LBLA

²⁸ Fue lo mismo que ocurrió en los días de Lot: comían, bebían, compraban, vendían, plantaban, construían;²⁹ pero el día en que Lot salió de Sodoma, llovió fuego y azufre del cielo y los destruyó a todos.³⁰ Lo mismo acontecerá el día en que el Hijo del Hombre sea revelado.

El homosexualismo y lesbianismo es un proyecto contra el reino de Dios.

El Diseño de la Sexualidad en el Hombre y la Mujer

Iniciemos haciéndonos la pregunta ¿Qué es el homosexualismo y lesbianismo?

1. Estilo de vida alternativo.
2. Estilo de vida alterado.

¿Qué tiene que ver el homosexualismo y el lesbianismo en contra del reino? Debemos tener claro que el debate no es asunto de una religión, sino del Reino de Dios está contra eso valores.

1 Corintios 6:9 LBLA
¿O no sabéis que <u>los injustos no heredarán el reino de Dios</u>? No os dejéis engañar: ni los inmorales, ni los idólatras, ni los adúlteros, <u>ni los afeminados, ni los homosexuales,</u>

1 Corinthians 6:9 KJV
Know ye not that the unrighteous shall not inherit the kingdom of God? Be not deceived: neither fornicators, nor idolaters, nor adulterers, nor effeminate, <u>nor abusers of themselves with mankind</u>, **(Abusadores de sí mismo con la humanidad.)**

1 Corinthians 6:9 NJB
Do you not realise that people who do evil will never inherit the kingdom of God? Make no mistake -- the sexually immoral, idolaters, adulterers, the self-indulgent<u>, sodomites,</u>

El mensaje del reino:

El mensaje de Jesús fue establecer el Reino de Dios, re-introducir la vida del Reino, restablecer el Reino. ¿Qué tiene que ver el homosexualismo y lesbianismo del Reino? La respuesta es todo lo contrario al sistema del reino de Dios. Porque el mensaje de buenas nuevas del Reino es la re-educación para ser parte de un nivel de vida superior, veamos históricamente como es opuesto a la vida buena y nueva que Dios ofrece.

– El Homosexualismo Histórico –

Era una práctica que se realizó desde antes que Abraham, antes que Dios re-iniciara una raza llamada pueblo de Dios.

1 Corintios 6:9 LBLA
¿O no sabéis que los injustos no heredarán el reino de Dios? No os dejéis engañar: ni los inmorales, ni los idólatras, ni los adúlteros, ni los afeminados, ni los homosexuales,

El homosexualismo antes y después del diluvio

1. El comportamiento de la humanidad dio lugar a la destrucción de las vidas a través del diluvio (perversión).
2. Dios llama a Noé para que él se salvara y

El Diseño de la Sexualidad en el Hombre y la Mujer

comenzara un nuevo mundo (reinicio).
3. La tierra estaba llena de maldad.

Génesis 6:5-7 RVR1960
⁵ Vio Jehová que <u>la maldad de los hombres era mucha en la tierra</u>, y que todo designio de los pensamientos de su corazón solo era de continuo el mal;⁶ y se arrepintió Jehová de haber hecho al hombre en la tierra, y le dolió en su corazón.⁷ Por eso dijo Jehová: "<u>Borraré de la faz de la tierra a los hombres que he creado, desde el hombre hasta la bestia,</u> y hasta el reptil y las aves del cielo, pues me arrepiento de haberlos hecho".

4. La actividad de la conducta de la humanidad en la tierra en los días de Noé era homosexualismo, lesbianismo y bestialismo.

Lucas 17:26 *<u>Como fue en los días de Noé</u>, así también será en los días del Hijo del hombre. ²⁷ Comían, bebían, <u>se casaban y se daban en casamiento</u>, hasta el día en que entró Noé en el arca y vino el diluvio y los destruyó a todos.*

5. Note que en los días de Noé los problemas no solamente eran de unión de ángeles caídos con las hijas de los hombres sino también de homosexualidad.
6. La tierra fue purificada con agua, según Génesis 8:21, Dios percibió de nuevo el olor grato.

El reinicio de un nuevo mundo y nueva forma de vida de acuerdo a Dios:

1. El homosexualismo en contra de la nueva y buena vida de Dios se deja ver nuevamente. (El impacto del homosexualismo en lo cultural y espiritual.)

Génesis 9:1-3 LBME

¹ Entonces Dios bendijo a Noé y a sus hijos, y les dijo: "Sed fecundos, multiplicaos y llenad la tierra.² El temor y el miedo de vosotros estará en todos los animales de la tierra, en todas las aves del cielo, en todo lo que se desplaza en la tierra y en todos los peces del mar. En vuestras manos son entregados.³ Todo lo que se desplaza y vive os servirá de alimento. Del mismo modo que las plantas, os lo doy todo.

2. Notemos en Noé la característica de un Adán, sin embargo se inicia la vida **alterada** otra vez.

Génesis 9:21-25 LBME

²¹ Y bebiendo el vino, se embriagó y quedó desnudo en medio de su tienda.²² Cam, el padre de Canaán, vio la desnudez de su padre y lo contó a sus dos hermanos que estaban fuera. ²³ Entonces Sem y Jafet tomaron un manto, lo pusieron sobre sus propios hombros, y yendo hacia atrás, cubrieron la desnudez de su padre. Como tenían vuelta la cara, ellos no vieron la desnudez de su

El Diseño de la Sexualidad en el Hombre y la Mujer

padre.²⁴ <u>Cuando Noé se despertó de su embriaguez y se enteró de lo que le había hecho su hijo</u> menor, ²⁵ dijo: "<u>Maldito sea Canaán</u>. Sea el siervo de los siervos de sus hermanos."

3. El problema se inició con un hombre llamado Cam quien está contado dentro de la **comunidad** de Dios (por eso es una estrategia contra el sistema del reino de Dios).
4. Cuando <u>supo lo que le había hecho</u> "homosexualismo". Si solamente le hubiera visto desnudo no hubiera causado el enojo de Noé, porque maldijo hasta la descendencia de Cam (maldijo sus lomos, su semilla, su esperma).

<u>Vio es la palabra 7200 /ra'ha/</u>: Que significa ver, tener una experiencia, tener deleite. Es decir que vino por ver.
<u>Desnudez es la palabra 6172 /erwah/</u>: Esa palabra en el concepto Hebreo indica partes genitales.

5. A partir de allí se reinicia el homosexualismo otra vez y se disemina por el área conocida como **Mesopotamia**.

Dios interviene otra vez para ver lo que los hombres hacían, allí está presente el homosexualismo.

6. La perversión esta nuevamente en la tierra de manera que los que la practicaban trataron de prepararse para un posible juicio de Dios.

Génesis 11:4 LBME
Y dijeron: Vamos, edifiquémonos una ciudad y una torre cuya cúspide llegue hasta los cielos, y hagámonos un nombre famoso, <u>para que no seamos dispersados</u> sobre la faz de toda la tierra. (Dispersar #6327 /*puts*/: desmenuzar, destruir.)

7. ¿Por qué querían organizarse con un nombre? Porque ellos tenían un estilo de vida diferente.

Los días de Abram y el problema del homosexualismo

1. Abram fue descendiente de Sem, hijo de Noé, el cual fue bendecido por Noé.
2. Dios llama a Abram y le ofrece darle descendencia y una tierra llamada Canaán.
3. Esta tierra estaba habitada con gente que practicaba el homosexualismo, lesbianismo y bestialismo, etc.
4. Esa tierra fue la que ocupó la descendencia de Cam, el que cometió perversión con Noé.
5. Según Génesis, los descendientes de Cam habitaron desde Sidón hasta Lasa, eso

incluye Sodoma (Génesis 10:19).
6. Dios les quita la tierra a los Cananeos para dársela a quien iba reiniciar la vida con costumbres del Reino de Dios.

Sodoma es destruida durante los días de Abram y Lot entra en escena como testigo de las práctica homosexuales y lesbianismo.

Lot, un justo que vivió con su alma afligida en medio de las prácticas homosexuales.

Génesis 19:4-5 LBLA
Aún no se habían acostado, cuando los hombres de la ciudad, los hombres de Sodoma, rodearon la casa, tanto jóvenes como viejos, todo el pueblo sin excepción. 5 Y llamaron a Lot, y le dijeron: ¿Dónde están los hombres que vinieron a ti esta noche? Sácalos para que los conozcamos.

¿Renace Sodoma?

La biblia dice:

Apocalipsis 11:8 LBLA
Y sus cadáveres yacerán en la calle de la gran ciudad, que simbólicamente se llama Sodoma y Egipto, donde también su Señor fue crucificado.

La Batalla Contra lo Anti-Natural

7

La Batalla Contra lo Anti-Natural

El tema de la homosexualidad y el lesbianismo de los últimos días, tiene un recorrido a través de la historia y examinando la cuna de esta situación, nos dimos cuenta que no es más que una estrategia de perversión en contra del mensaje del Reino. El Reino está llevando a los hombres a la reconexión con Dios y el homosexualismo y lesbianismo es el aborto del plan de reconectar al hombre con Dios.

Las excusa de ellos es que Dios los hizo así, ¿Será que se pretende decir que es un propósito de Dios? ¿Cuál sería la razón o el propósito de Dios de haberlos hecho de esa manera? No hay ninguna razón lógica, bíblica, espiritual, ni pre-existencial no existe (es una perversión).

El propósito de Dios:

Dios anda detrás de su propósito y eso es restaurar Su imagen en Su creación. Ya expliqué que la palabra **testigos** en el concepto **hebreo** no es solamente testificar de algo o alguien.

Isaías 43:12 *LBLA*
Yo soy el que lo he anunciado, he salvado y lo he

*proclamado, y no hay entre vosotros dios extraño; vosotros, pues, **sois mis testigos** -- declara el SEÑOR -- y yo soy Dios.*

La palabra **testigos** #5707 /ED/ en el concepto Hebreo es **duplicados**. Y su raíz es la palabra /UWD/ o /OOD/ #5749 que significa: Repetido o Duplicado.

– Los Días de Lot –

Son días de violencia generada por sectores que exigen que su estilo de vida sea aceptado, esto ha sido la fotografía histórica y profética que abarcara todo el mundo.

Génesis 19:4-5 LBLA
⁴ Aún no se habían acostado, cuando los hombres de la ciudad, los hombres de Sodoma, rodearon la casa, tanto jóvenes como viejos, todo el pueblo sin excepción. ⁵ Y llamaron a Lot, y le dijeron: ¿Dónde están los hombres que vinieron a ti esta noche? Sácalos para que los conozcamos.

Génesis 19:9 LBLA
Mas ellos dijeron: ¡Hazte a un lado! Y dijeron además: Éste vino como extranjero, y ya está actuando como juez; ahora te trataremos a ti peor que a ellos. Y acometieron contra Lot y estaban a punto de romper la puerta,

La fotografía futura nos permite ver algunos elementos que apuntan a la misma situación de los días de Lot.

El pasado, presente y futuro de los días de Lot

Ya no solamente estoy usando Génesis 19 y Lucas 17: 28 sino que ahora apunto hasta Apocalipsis 11

Apocalipsis 11:8 LBME
Y sus cadáveres estarán en la plaza de la gran ciudad que simbólicamente es llamada Sodoma y Egipto, donde también fue crucificado el Señor de ellos.

La ciudad que simbólicamente fue llamada Sodoma, esto nos sugiere, miren la fotografía de Sodoma y su comportamiento. Ya habían hecho violencia contra los dos testigos, esto fue lo que no alcanzaron hacer con los dos ángeles en los días de Lot.

Apocalipsis 11:9-12 LBME
⁹ Y por tres días y medio, la gente de los pueblos y de las razas y de las lenguas y de las naciones miran sus cadáveres; y no permiten que sus cadáveres sean puestos en sepulcros.¹⁰ Y los habitantes de la tierra se gozan sobre ellos y se alegran. Y se enviarán regalos unos a otros, porque estos dos profetas habían sido un tormento para los habitantes de la tierra.¹¹ Después de los tres días y medio el aliento de vida enviado por Dios entró en ellos, y se levantaron sobre sus pies. Y

un gran temor cayó sobre los que los veían. ¹² *Oyeron una gran voz del cielo que les decía: "¡Subid acá!" Y subieron al cielo en la nube, y sus enemigos los vieron.*

Testigos = duplicados de Dios contra gente alegre (gays) palabra utilizada desde el año 1970 para referirse de la comunidad homosexual. En Génesis 19: Los habitantes de Sodoma amenazaron a Lot con hacerle cosas peores si él no entregaba los dos varones.

Génesis 19:1 ᴸᴮᴸᴬ
Llegaron, pues, los dos ángeles a Sodoma al caer la tarde, cuando Lot estaba sentado a la puerta de Sodoma. Al verlos, Lot se levantó para recibirlos y se postró rostro en tierra,

Veamos como el patrón se repite, dos testigos en Apocalipsis y dos seres angelicales en los días literales de Lot.

El líder mundial será homosexual

El espíritu de perversión regirá de manera mundial a través de un líder mundial llamado **Anticristo** el cual será homosexual. El Anticristo es opuesto al mensaje del Reino de Dios. El profeta Daniel reveló el secreto del Anticristo.

Daniel 11:32-35 ᴸᴮᴸᴬ
³² *Con halagos hará apostatar a los que obran inicuamente hacia el pacto, mas el pueblo que conoce a*

<u>su Dios se mostrará fuerte y actuará.</u>³³ Y los entendidos entre el pueblo instruirán a muchos; sin embargo, durante muchos días caerán a espada y a fuego, en cautiverio y despojo. ³⁴ Cuando caigan, recibirán poca ayuda, y muchos se unirán a ellos hipócritamente.³⁵ También algunos de los entendidos caerán, a fin de <u>ser refinados, purificados y emblanquecidos</u> hasta el tiempo del fin; porque aún está por venir el tiempo señalado.

Los descontaminarán de algo. ¿De qué clase de contaminación? Respuesta me atrevo a decir basándola en el nivel de perversión que se vivirá en aquellos días: la influencia del homosexualismo será mayor como en los días de Lot.

Daniel 11:36-38 LBLA

³⁶ *El rey hará lo que le plazca, se enaltecerá y se engrandecerá sobre todo dios, y contra el Dios de los dioses dirá cosas horrendas; él prosperará hasta que se haya acabado la indignación, porque lo que está decretado se cumplirá.³⁷ No le importarán los dioses de sus padres <u>ni el favorito de las mujeres,</u> tampoco le importará ningún otro dios, porque él se ensalzará sobre todos ellos. ³⁸ En su lugar honrará al dios de las fortalezas, un dios a quien sus padres no conocieron; lo honrará con oro y plata, piedras preciosas y cosas de gran valor.*

Daniel 11:37 [RVR1995]
Del Dios de sus padres <u>no hará caso, ni del amor de las mujeres</u>, ni respetará a dios alguno, porque sobre todo se engrandecerá. *(De igual manera dice: RVR1960; RVR1995; RVA; SRV)*

– La Batalla por la Regeneración –

Pensar en las condiciones del pecado de hace 2 o 4 mil años atrás nos permite ver que nada ha cambiado.

1. No hay ninguna diferencia, la gente comete los mismos pecados de antes.
2. Es decir, que la gente nueva comente pecados viejos o las nuevas generaciones comenten los mismos pecados de las antiguas generaciones.
3. Satanás no ha inventado pecados nuevos.

Historia de la humanidad

Evidencias graficas nos permiten ver que no importa la cultura, la religión, la lengua, la condición social, etc. El hombre comete los mismos pecados que se practicaban 2 o 4 mil años atrás. Los mismos actos depravados, nada ha logrado cambiar la conducta del hombre, la única alternativa es ser **regenerado** y eso viene por medio de **Cristo**.

Nada puede cambiar al hombre a pesar del avance tecnológico, científico, medico, ni los sistemas educacionales y filosóficos; ni siquiera porque estamos en la edad de la información, nada de eso ha podido cambiar la conducta o comportamiento humano en el mundo, la respuesta está en el Señor Jesucristo.

La depravación ha llegado a los niveles más altos de la sociedad, doctores, abogados, catedráticos, jueces, sacerdotes, religiosos de reconocimiento mundial, militares, y maestros también están con el comportamiento de perversión (la inteligencia no los ha librado de la **degeneración**).

El pecado con lenguaje moderno

Ese mismo nivel de inteligencia le ha dado al pecado un nuevo vocabulario filosófico para darle un sentido de dignidad y cubrir así su comportamiento. Niegan de esa manera la realidad y la cubren con un matiz diferente. La maquillan, la disimulan con diferentes términos por ejemplo: Al pecado ya no le llaman más pecado o pecador.

1. Hombre con conducta anti-social.
2. Disfuncional.
3. Hombre con desajuste emocional o mal ajustado (actos que trajeron defectos mentales).

4. Presión social.
5. Efectos ambientales (provocaron abusos emocionales).

Con esto se intenta negar o se pretende decir que no es malo lo que hace el hombre sino que es por el ambiente que lo rodea. Es el intento de negar la conducta interna de corrupción. De esa manera se dignifica la corrupción, si a esto le sumamos los programas que pretenden sustituir la **regeneración**
los cuales son:

1. Programas de ajustes mentales.
2. Re-formación del comportamiento.
3. Control ambiental de la vida.
4. Misticismo espiritual.
5. Ciencia astrológica.
6. Tratamientos neurológicos.
7. Humanismo.
8. Ciencia mental.

A todo esto, Dios, a través de su palabra lo llama desobediencia y pecados del hombre caído de la perfecta voluntad de Dios.

2 Pedro 2:6 LBLA
si condenó a la destrucción las ciudades de Sodoma y Gomorra, reduciéndolas a cenizas, <u>poniéndolas de ejemplo</u> para los que <u>habrían de vivir impíamente después;</u>

Ahora daré lugar a lo que significa la batalla contra lo anti-natural pero antes explicare al respecto a la ley moral natural.

La ley moral natural

La ley moral es la que sufre el impacto a través de actos pervertidos de homosexualidad y lesbianismo.

Romanos 1:25-27 *LBLA*
^{25} porque cambiaron la verdad de Dios por la mentira, y adoraron y sirvieron a la criatura en lugar del Creador, que es bendito por los siglos. Amén.^{26} Por esta razón Dios los entregó a pasiones degradantes; porque <u>sus mujeres</u> <u>cambiaron la función natural por la que es contra la naturaleza;</u> ^{27} y de la misma manera también <u>los hombres</u>, abandonando <u>el uso natural de la mujer,</u> se encendieron en su lujuria <u>unos con otros</u>, cometiendo <u>hechos vergonzosos hombres con hombres,</u> y recibiendo en sí mismos el castigo correspondiente a su extravío.

Necesito explicarle acerca de la ley moral o natural para definir porque Dios no creo al homosexual. Y porque es un intento satánico en contra de la creación de Dios de manera que aborte la semilla de restauración de la imagen de Dios.

La moralidad no la creo el hombre ni tampoco es

un producto de un gobierno o de alguna ley social o sistema de educación. Moralidad es el producto natural de la creación. Moralidad obedece a lo moral porque es herencia inherente de la naturaleza. Cualquiera que hable de moral debe saber que no es inventada por el hombre.

Primero: La creación tiene herencia de moralidad natural internamente. Plantas, aves, animales, peces, el hombre: donde ellos viven y crecen allí hay ley natural.

Segundo: Moralidad natural es: la relación natural que existe con la manera o diseño de ser creado para preservar la creación. Es decir que es para que haya una función natural en cada cosa. El ave debe volar, el pez debe nadar, la semilla necesita la tierra etc. Por eso como ya he mencionado antes no existe el homosexualismo ni en los irracionales como un perro o un caballo. Nunca se ha visto que un caballo quiera intercambio con un perro o que un perro con otro perro (macho) porque en la creación hay moral natural. Incluso se puede tratar de inseminar un caballo con esperma de un perro y no funciona es anti-natural (hay algo por dentro que no lo permite).

Tercero: Toda la creación contiene componentes naturales. Es natural que el hombre se sienta atraído por una mujer (no es natural que se sienta atraído por otro hombre o por un animal). Dios maldice lo contrario a lo natural según la Biblia. El problema comienza cuando se trata de actuar anormal.

Cuarto: La invalidación de los principios morales resulta con la destrucción de lo natural. Cuando alguien invalida los principios morales es, naturalmente destruido, no necesita que nadie lo destruya, se destruye por sí solo. Se desintegra por sí solo, ese es el principio de la destrucción.

Romanos 1:32 ^{LBLA}
los cuales, aunque conocen el decreto de Dios que los que practican tales cosas son dignos de muerte, no sólo las hacen, sino que también dan su aprobación a los que las practican.

– *La Homosexualidad en los Últimos Días* –

Desde ya advierto se tomen las precauciones necesarias y que se aseguren que esto se analice desde una perspectiva de edificación y aclaración acerca del tema. Por si acaso hay personas que por su línea religiosa o legalista les pueda parecer ofensivo. Nuestro único objetivo es edificar y abordar este tema con temor de Dios para dar a conocer que todo lo que se maneja respecto a la homosexualidad va en contra lo establecido por Dios y que no es una situación entre los homosexuales y la religión sino es contra Dios y su Palabra.

La batalla por la verdad de Dios.

Estudiando Apocalipsis 11 el Espíritu de Dios me mostró el paralelismo que hay con Génesis 19; de tal manera que me di cuenta que la participación de los dos testigos a mitad de la tribulación será en medio de una comunidad de homosexuales.

1. Génesis 19:1 y Apocalipsis 11:8 "La ciudad es llamada Sodoma".
2. Génesis 19:1 y Apocalipsis 11:8 "Dos ángeles y dos testigos".
3. Génesis 19:24 y Apocalipsis 11 "Lot librado del fuego, figura de los salvos en medio del fuego'.
4. Génesis 19:24 y Apocalipsis 11:5 "Fuego cayo en Sodoma y Los testigos sacan fuego de su boca.
5. Génesis 19:5 y Apocalipsis 11:7, "Los homosexuales en Génesis 19:9 no solamente para tener sexo los solicitaban sino que querían también destruir a los ángeles, en Apocalipsis los matan por medio de la bestia.
6. El rey de Sodoma se llamó *"BERA"* que significa hijo de maldad.
7. Él último líder mundial, llamado el inicuo o hijo de perdición (2 Tesalonicenses 2:3) será

alguien que no sentirá amor por las mujeres según Daniel 11: 37.(según BLA. Aramea no sentirá pasión por las mujeres, según BLA Torres Amat no sentirá delicia por las mujeres).

Apocalipsis 11:10 ^{LBLA}
Y los que moran en la tierra se regocijarán por ellos y se **alegrarán,** *y se enviarán regalos unos a otros, porque estos dos profetas atormentaron a los que moran en la tierra.*

La palabra **gay** significa alegre. Y si a esto le sumamos la señal que nuestro Señor dio para que viéramos lo que estaría pasando en los días antes de su venida.

Lucas 17:28 ^{LBLA}
Fue lo mismo que ocurrió en los días de Lot: comían, bebían, compraban, vendían, plantaban, construían; ²⁹ *pero el día en que Lot salió de Sodoma, llovió fuego y azufre del cielo y los destruyó a todos.* ³⁰ *Lo mismo acontecerá el día en que el Hijo del Hombre sea revelado.*

Expertos han considerado la homosexualidad como un vicio, es decir, que una vez que lo prueban quieren más y más. Cualquiera que sean los argumentos que se manejan para darle razón a este estilo de vida creo que no es suficiente porque va en contra de lo que Dios estableció.

La Batalla Contra lo Anti-Natural

1. La Biblia como una constitución nos da referencias claras y especificas al homosexualismo.

Levítico 20:13 LBLA
"Si alguno se acuesta con varón como los que se acuestan con mujer, los dos han cometido abominación; ciertamente han de morir. Su culpa de sangre sea sobre ellos.

Levítico 18:22 LBLA
"No te acostarás con varón como los que se acuestan con mujer; es una abominación.

2. Si alguno sugiere que Dios puede bendecir las relaciones homosexuales entre dos hombres o dos mujeres, es tan culpable como quienes lo practican (es imposible que Dios bendiga tal unidad).

Romanos 1:32 LBLA
Los cuales, aunque conocen el decreto de Dios que los que practican tales cosas son dignos de muerte, no sólo las hacen, sino que también dan su aprobación a los que las practican.

3. Aunque sea una organización quien sostenga que esa unión es legal, sea esta una Iglesia Metodista, Episcopal, Luterana, etc.
4. Ninguna iglesia puede proclamarse

representante de Dios, si está en contra de a las Escrituras.
5. La Biblia no la hizo ninguna iglesia para tener el derecho de una prerrogativa y hacer un nuevo verso o Biblia.
6. Las escrituras pertenecen al Señor y nuestro deber es testificar de ella.

El humanismo apoya el homosexualismo

La palabra humanismo se traduce como: humanos que vinieron a ser como el resentimiento del universo.

1. Es una filosofía creada por el hombre.
2. Es la fundación de toda perversión.
3. Es anti-escritural o anti-Biblia.
4. No aceptan la verdad de Dios como ultimátum.
5. La verdad es relativa para ellos (ajustan la verdad a sus circunstancias).
6. Es motivada por crear verdades pero con aceptación personal solamente.
7. El humanismo dice, lo bueno para ti no es bueno para mí (primero debe de ser bueno para ellos).

Desde este punto de vista basan el homosexualismo como algo bueno, es decir, **el sexo es bueno** no importa con quien o como se practique. En cuestión de placer es bueno, pero en cuestión de orden no lo es porque es un placer desordenado y perverso, es como aquel que siente placer al asesinar a alguien. Eso es contrario a la voluntad de Dios y es contra la naturaleza.

El cuerpo humano:

Creado y diseñado para funciones naturales, cada parte del cuerpo fue diseñado para una función natural. El ojo para ver y no para oír, la boca para comer y no para ver. El hígado purifica sangre, el corazón no purifica la sangre. Ninguna ley puede cambiar el funcionamiento natural de cada parte del cuerpo, ni votos, ninguna legislación (le voy a decir lo fuerte).

El recto fue hecho para defectar, para expulsar toda la basura del cuerpo, el recto es el portón por donde se tira lo que ya no sirve. El recto no se puede o se debe cambiarle la función, nunca cumplirá con el funcionamiento que tiene la vagina de una mujer. El homosexualismo es como jugar en medio de un basurero lleno de muchos gérmenes (Dios jamás bendecirá algo tan inmundo).

El amor natural o relación natural no tiene garantía de devolución por insatisfacción. Ningún humano tiene derecho de decir: quiero cambiar la función de mis órganos genitales.

Ningún hombre o mujer tiene derecho de decir vengo a devolver mis órganos porque me los dieron equivocados. Ninguna legislación puede cambiar la ley natural del cuerpo. La cirugía es contradictoria: la operación a un homosexual consiste en ocultar sus testículos por dentro de la misma persona (por dentro guardara la parte masculina).

Aunque se remuevan algunas partes del órgano eso no hace el cambio, tu naturaleza confirma lo que eres. Es como tratar de ponerle a una serpiente cabeza de cucaracha. La humanidad no debe cancelar o cambiar el amor natural. La familia no es definida por la ciencia médica o por un debate, es definida por la naturaleza (dos del mismo sexo adoptando un hijo no hace una familia). La familia se inicia en medio de un acto sexual entre un hombre y una mujer. Por eso el acto sexual no es solo placer sino una responsabilidad delante de Dios.

El proceso de gestación es un esperma o espermas de hombre entrando en el óvulo de una mujer y se inicia el proceso de la gestación. Cada hijo está conectado por naturaleza con dos personas, un hombre y una mujer, esa es la definición natural de familia.

La ley natural no está sujeta a la ley humana

La ley natural debe de estar sujeta a la vida natural, ninguna ley, ni debates, ni científicos, ni el gobierno pueden cambiar las funciones naturales del cuerpo. Aun los científicos están sujetos a la ley natural de Dios. Las pasiones, las inclinaciones, los intereses, los deseos no pueden cambiar la ley natural del cuerpo.

Todo aquello que se niega a responder a la ley natural es inmoral, es anti-natural. No responder a la ley natural es considerado defectuoso y apartado para destrucción. Por eso Dios cuando la humanidad se niega a la ley natural es destruida por sí misma (SIDA). Aunque el comportamiento se puede cambiar en una persona de buena a mala o de malo a bueno. Ese comportamiento no invalida la ley natural. Cuando un homosexual elige vivir así, la ley natural continua diciendo que lo que hace va en contra de su naturaleza. dos mujeres que se aman eso no es amor, la Biblia lo llama lujuria. Lo que ellos dicen que es amor no es más que gratificación a la lujuria.

Romanos 1:26-31 LBLA

²⁶ *Por esta razón Dios los entregó a pasiones degradantes; porque sus mujeres cambiaron la función natural por la que es contra la naturaleza;* ²⁷ *y de la misma manera también los hombres, abandonando el*

La Ingeniería del Alma Impía

uso natural de la mujer, se encendieron en su lujuria unos con otros, cometiendo hechos vergonzosos hombres con hombres, y recibiendo en sí mismos el castigo correspondiente a su extravío. [28] Y así como ellos no tuvieron a bien reconocer a Dios, Dios los entregó a una mente depravada, para que hicieran las cosas que no convienen; [29] estando llenos de toda injusticia, maldad, avaricia y malicia; colmados de envidia, homicidios, pleitos, engaños y malignidad; son chismosos, [30] detractores, aborrecedores de Dios, insolentes, soberbios, jactanciosos, inventores de lo malo, desobedientes a los padres, [31] sin entendimiento, indignos de confianza, sin amor, despiadados;

La Batalla Contra lo Anti-Natural

Las Señales de la Ingeniería del Alma Impía

8

Las Señales de la Ingeniería del Alma Impía

P ara finalizar daré una serie de señales que identifican a una persona que ha sido víctima de la ingeniería del alma impía.

– Señales que Acompañan al alma con Ingeniería Impía –

Para poder ayudarse a sí mismo o ayudar a otros, será necesario tener la habilidad de diagnosticar apropiadamente el problema del alma. Daré ejemplos de señales que acompañan a una alma con ataduras impía (ingeniería del alma impía).

La 1ra señal de conducta:

- Un alma impía produce pensamientos irracionales. Esto puede ser el primer paso de la ingeniería del alma impía, llevar al individuo a un comportamiento donde lo que hace no tiene sentido.

El diccionario Western II (Nuevo diccionario Riverside) define la palabra "Irracional".
- No capaz de razonamientos, que tiene perdida de la claridad mental, ilógica(o).

Las Señales de la Ingeniería del Alma Impía

Eso es exactamente la conducta que viene de un alma con ingeniería de impía.
- La persona hará cosas que no tienen sentido porque ha perdido la capacidad común del sentido y razonamiento.
- La advertencia es, que siempre que el alma de una persona gobierne su vida, el pensamiento irracional lo seguirá.

La ingeniería del alma impía produce la falta de un propio razonamiento.

La 2da señal de conducta:

- Una señal del alma impía causa a una persona que se evalué a sí mismo y a otros de acuerdo previos eventos.

El pasado es una de las grandes armas contra la mente y el alma.
- Dios opera en el **ahora** y en el futuro.
- Pero un alma enredada opera desde el **temor** y la preocupación del pasado.

Ejemplo: De una mujer que fracaso en su primer matrimonio porque su esposo le traiciono, este le mentía diciendo siempre que trabajaría tarde, pero utilizaba su tiempo para estar con otra mujer... Se dio una separación dejando una herida en el alma de esa mujer. Más tarde esta mujer se volvió a casar con un buen hombre piadoso que si trabaja hasta tarde, pero ella mantenía el temor de su relación anterior de manera que siempre peleaba con su nueva relación cuando él regresaba de su trabajo <u>usando el pasado como referencia</u>.

- Cuando alguien vive en el pasado, Satanás lo derrotara antes del comienzo de una cosa.
- Cada uno de nosotros debemos de ser fieles guardianes de nuestro pasado para que no afecte nuestro futuro.

Lucas 9: 62 LBLA
*Pero Jesús le dijo: Nadie, que después de poner la mano en el arado **mira atrás**, es apto para el reino de Dios.*

Mirar atrás implica perder la fuerza para empujar hacia adelante.

La 3da señal de conducta:

- La ingeniería del alma impía produce el deseo no saludable, el deseo antinatural y atracción hacia gente, lugar y cosas que causan dolor, heridas y malestar.

<u>La ingeniería del alma impía:</u> lo que hace es que la persona sienta el deseo de ser amado(a) pero fuera del balance de manera que aunque lo tratan mal está tranquilo(a) eso es ingeniería de alma impía.

2 Corintios 6:14-15 ᴸᴮᴸᴬ

¹⁴ *No estéis unidos en yugo desigual con los incrédulos, pues ¿qué asociación tienen la justicia y la iniquidad? ¿O qué comunión la luz con las tinieblas?* ¹⁵ *¿O qué armonía tiene Cristo con Belial? ¿O qué tiene en común un creyente con un incrédulo?*

Belial #H1100; #G955 significa: impío, malo.
Yugo: De acuerdo al diccionario Western es definido como "atadura" o que conecta, "esclavitud" o atado. Dos personas atadas con principios diferentes, uno piadoso y otro de iniquidad.

- Cuando una alma está bajo la ingeniería impía, se sentirá fuertemente atraído(a) a lugares o personas no sanas para su vida, la meta de Satanás es traer **estragos** al creyente.

Hay gente que tiene relaciones con personas que lo dañan en varios aspectos de su vida, pero para él o ella es normal en la relación. Hay lugares que son atmósferas de fracasos pero al que está con su alma impía esos lugares son los que más frecuenta aunque le hace mucho daño.

- La ingeniería del alma impía en esta señal demuestra que la persona aunque sufre en una relación, necesita poner su vida bajo el

control de otra.
- El espíritu de control es atraído por gente débil e insegura de sí mismo.

El espíritu de control tiene su régimen solamente donde hay una alma **no** prospera, una persona así casi siempre permanece al lado de un abusador (esto es lo que intenta Satanás con la ingeniería del alma impía, que la persona sea víctima de otro cercano). El espíritu de control no opera en una alma **próspera** que tiene autoridad de sí misma.

La 4ta señal de conducta:

- La ingeniería del alma impía causa la falta de juicio y discernimiento.

Es muy obvio que el espíritu de confusión venga sobre aquellos que su alma está envuelta con ataduras de impiedad.
- La falta de juicio y discernimiento está íntimamente ligado al pensamiento irracional (lo mencionamos al principio de la señales).
- El alma que trata de discernir con impiedad, nunca tendrá la verdad del discernimiento porque el alma no está equipada para discernir por sí sola, eso es un asunto del espíritu humano.

Recordemos también que el alma con ingeniería de alma impía le pertenece a otra persona, es decir otra persona la controla, de manera que su discernimiento viene por la influencia de alguien más. Hemos visto hasta aquí algunas señales exteriores o manifestaciones de la ingeniería del alma impía. Ahora veremos el último ejemplo de cómo se forman las ataduras impías.

– La Atadura Formada por Escuchar Algunas Voces –

Los espíritus esperan por una voz:

Una voz de respuesta a la influencia espiritual significa el expresar nuestra actitud y comportamiento al control de los espíritus en nuestra mente.

– La voz de respuesta es requerida en el ámbito espiritual sin importar sea buenos o malos.

1 Samuel 3:1-7 [LBA]
1 El joven Samuel servía al SEÑOR en presencia de Elí. La palabra del SEÑOR escaseaba en aquellos días, las visiones no eran frecuentes. 2 Y aconteció un día, estando Elí acostado en su aposento (sus ojos habían comenzado a oscurecerse y no podía ver bien), 3 cuando la lámpara de Dios aún no se había apagado y Samuel estaba acostado en el templo del SEÑOR donde estaba el arca de Dios, 4 **que el SEÑOR llamó a Samuel, y**

*él respondió: **Aquí estoy.*** *⁵ Entonces corrió a Elí y le dijo: Aquí estoy, pues me llamaste. Pero Elí le respondió: Yo no he llamado, vuelve a acostarte. Y él fue y se acostó. ⁶ **El SEÑOR volvió a llamar: ¡Samuel!** Y Samuel se levantó, fue a Elí y dijo: Aquí estoy, pues me llamaste. Pero él respondió: Yo no he llamado, hijo mío, vuelve a acostarte. ⁷ Y Samuel no conocía aún al SEÑOR, ni se le había revelado aún la palabra del SEÑOR.*

Samuel desconocía este diseño espiritual el cual es que los espíritus buscan una voz de respuesta.

1 Samuel 3:8-9 LBLA
*⁸ **El SEÑOR volvió a llamar a Samuel por tercera vez.** Y él se levantó, fue a Elí y dijo: Aquí estoy, pues me llamaste. Entonces Elí comprendió que el SEÑOR estaba llamando al muchacho. ⁹ Y Elí dijo a Samuel: Ve y acuéstate, y si Él te llama, dirás: "Habla, SEÑOR, que tu siervo escucha." Y Samuel fue y se acostó en su aposento.*

Eli, como un sacerdote veterano, si conocía este diseño espiritual. Eli si sabía que el mundo espiritual busca una voz de respuesta.

1 Samuel 3:10 LBLA
Entonces vino el SEÑOR y se detuvo, y llamó como en las otras ocasiones: ¡Samuel, Samuel! Y Samuel respondió: Habla, que tu siervo escucha.

La voz, el vehículo del espíritu:

Cada voz lleva un mensaje porque la voz es el vehículo del espíritu.
- Lo que hay dentro de **tu** espíritu es revelado a la voz.
- Cuando se le habla a una persona, se da más que la voz, la voz lleva adjunta el espíritu del que habla.
- Pablo hablo de las voces y se refirió a ellas como género de voces que llevan un mensaje.

Se imparte lo que hay dentro del espíritu humano a otro por medio de la voz, cuando tú te sientas a oír a un maestro de la palabra en ese momento te colocas bajo la influencia de otro o te sometes voluntariamente, TÚ recibes más que factores y figuras, tú vienes a compartir del espíritu de otro.

1 Corintios 14:10 [JBS]
Tantos géneros de voces*, por ejemplo,* **hay en el mundo***, y nada hay mudo;*

Mucha gente cae en ataduras de alma impía por escuchar a cualquiera; ruinas, confusión, desordenes, calamidades, desánimos, etc. No se debe escuchar a cualquiera sino solo a la voz autorizada.

Las voces equivocadas

Oír y recibir palabras de gente equivocadas producirá "ataduras de alma impía" todas las palabras equivocadas llevan la influencia de la ingeniería del alma impía.

Juan 10:27 [JBS]
Mis ovejas oyen mi voz, y yo las conozco y me siguen;

Juan 10:5 [LBLA]
Pero a un desconocido no seguirán, sino que huirán de él, porque no conocen la voz de los extraños.

Dios **no manda** a escuchar todas las voces, porque ese ha sido el problema de la humanidad, el error consiste en decir que toda voz debe ser escuchada y evaluada. La Biblia dice lo siguiente:

Deuteronomio 28:1 [LBLA]
*"Y sucederá que **si escuchas diligentemente la voz de Jehovah tu Dios**, procurando poner por obra todos sus mandamientos que yo te mando hoy, también Jehovah tu Dios te enaltecerá sobre todas las naciones de la tierra.*

Mucha gente ha caído en la **trampa** de las voces amigables que convencen y convierten en alma impía.

Las Señales de la Ingeniería del Alma Impía

La raíz del problema

La razón numero #1 de que la gente se vea involucrada en la ingeniería del alma impía es "Hambre por información"

Esta última generación está siendo formada con mucha información que la gente busca o persigue. Esta generación quiere oír de todo o de alguien que tenga algo nuevo que decir, desilusión y decepción es el resultado de un cumulo de información pero no la **verdad**.
Yo no estoy en contra de la información. Pero yo estoy advirtiendo contra el abuso de información que viene de alguien no autorizado porque lleva a la confusión. No toda la información es la **verdad**.

2 Crónicas 20:20 LBLA
...confiad en el SEÑOR vuestro Dios, y estaréis seguros. Confiad en sus profetas y triunfaréis.

El siguiente paso de escuchar de todo

Escuchar de todo resulta en que se creerá en todo, los americanos (anglosajones) son dados a buscar respuestas espirituales y han caído por ello en "La nueva era", re-encarnación, religiones orientales, religiones nativas, meditación etc.

El siguiente paso de creer en todo.

Creer en todo resulta que será alguien que está relacionado con todo, es decir con individuos sin importar la ley de la asociación, repito el principio de la asociación, "En la ley de la asociación se establece que tu vienes a ser las siete cosas peores que tiene la otra persona".

2 Timoteo 3:5-7 LBLA
5 teniendo apariencia de piedad, pero habiendo negado su poder; a los tales evita. 6 Porque entre ellos están los que se meten en las casas y llevan cautivas a mujercillas cargadas de pecados, llevadas por diversas pasiones, 7 siempre aprendiendo, pero que nunca pueden llegar al pleno conocimiento de la verdad.

Las palabras son poderosas y crecen dentro de la persona que las recibe, si son malas producirá malos frutos. Escuchar a gente equivocada dará lugar que se forme la ingeniería del alma impía.

Paso al último capítulo de este libro para explicar el ángulo escatológico que tiene el alma atada por la ingeniería del alma impía. Con la intención de busquemos ayuda y que nuestra alma sea libre.

Las Señales de la Ingeniería del Alma Impía

Los Efectos Jurídicos de las Ataduras del Alma

9

Los Efectos Jurídicos de las Ataduras del Alma

Analizaré lectura a un pasaje muy conocido desde otro ángulo de observación, es decir que este pasaje que a continuación leeremos siempre se usa para examinar a otras personas porque aplicamos cierto principio de interpretación que dice, que un texto fuera de contexto es un pretexto. Pero aclarando que soy consciente de ello quiero tomarme la libertad para aplicarlo individualmente y en vez de examinar a otras personas me examinare a mí mismo desde adentro hacia fuera y así considerar la condición del alma a manera personal.

1 Tesalonicenses 5:20-23 LBLA
[20] no menospreciéis las profecías. [21] Antes bien, *examinadlo todo cuidadosamente, retened lo bueno;* **[22]** *absteneos de toda forma de mal.* **[23]** *Y que el mismo Dios de paz os santifique por completo;* **y que todo vuestro ser,** *espíritu, alma y cuerpo,* **sea** *preservado irreprensible para la venida de nuestro Señor Jesucristo.*

Este texto habla del tiempo de la venida de nuestro Señor Jesucristo /*parusía*/, por lo tanto es importante prestar atención a esta enseñanza, porque tiene que ver con ese tiempo y el anhelo de Dios para nuestro ser tripartito. Me llama fuertemente la atención la expresión "examinadlo todo, retened lo bueno y absteneos de toda forma de mal"...Dentro de ti (mi énfasis) y como recompensa sucederá lo que dice el verso 23, es decir que cuando Él venga estemos listos para recibirlo **completamente** y no des-fragmentado.

Palabras claves

1. Examinadlo todo y retened lo bueno. /*dokimazo*/ #1381 Reconoce lo que es genuino para aprobarlo o mantenerlo.
2. Absteneos de toda forma de mal. /*apechomai*/ #567 refrenarse uno mismo de toda apariencia de mal.
3. Santificados por completo /*holokleros*/ #3648 Completo en todas las partes y no en parte es decir entero.
4. Preservado para la venida /*tereo*/ #5083 Que nos mantengamos en el estado que Él tiene para la /*parusía*/.

¿A qué nos conduce examinar las palabras anteriores? La respuesta es a ver las posibilidades de que hay personas que son creyentes pero están con una alma como desfragmentada por la ingeniería del alma impía y eso pone en riesgo estar **completos** para la venida del Señor.

Las posibilidades de ser creyentes incompletos

Dios está en el proceso de hacer que lleguemos a la medida para completar nuestro destino; Dios está en la misión que lleguemos a ser completos y no solo una parte. Digo esto por lo siguiente:

Filipenses 1:6 LBLA
estando convencido de esto: que el que en vosotros comenzó la buena obra, la perfeccionará hasta el día de Cristo Jesús.

Tres posibilidades existentes:

1. Existe la posibilidad de ser creyentes incompletos y sin compromiso en nada.
2. Existe la posibilidad también que estemos comprometidos parcialmente o en un nivel bajo.
3. También existe la posibilidad que esté comprometido completamente, pero que la persona sea creyente solo parcialmente.

Los patrones legítimos de las ataduras

No podemos negar que hay mucho creyente que caminan en depresión, en confusión, en engaño, en amargura etc. porque nunca ha logrado quebrar sus barreras.

Salmo 82:5 LBLA
No saben ni entienden; caminan en tinieblas; son

Los Efectos Jurídicos de las Ataduras del Alma

sacudidos todos los cimientos de la tierra.

¿Cuál es la razón legal de esta situación que afecta a tanto hijo de Dios candidatos de promesas?

Patrón legítimo de la existencia de ataduras en el alma:

1. Algunos nunca han oído acerca de las ataduras en su alma.
2. Otros han oído acerca de las ataduras del alma pero nunca le han dado importancia al tema y a la necesidad de romperlas.
3. Otros han oído de las ataduras del alma, han experimentado su rompimiento pero se han vuelto a atar nuevamente.

Razón legítima de no romper las ataduras:

1. <u>Una de la razón legitima</u> porque hay creyentes que no puede romper sus ataduras en el alma. Es por tener una idea mal concebida o equivocada de lo que es una atadura en el alma.
2. <u>La segunda razón legítima</u> en algunos creyentes es que no logran identificar en qué clase de atadura están caminando, están en ignorancia.
3. <u>La tercera razón legítima</u> de las ataduras en el alma es porque el creyente no quiere

caminar en el proceso que rompe sus ataduras.

A esto le llamo los efectos tridimensionales de las ataduras del alma porque cuando el alma está atada puede afectar el ser tripartito del hombre.

— *Los Diseños Tripartitos* —

Dios con sabiduría divina de arquitecto, diseñó casi todo en tres partes para revelar su voluntad.

1. Dios es trinidad es Padre, Hijo y Espíritu Santo.
2. Los tres cielos, primer cielo las nubes, segundo cielo las estrellas (lugares celestiales o reino de los cielos), tercer cielo el Reino de Dios. Aunque sabemos que al escudriñar profundamente las Escrituras encontraremos hasta siete cielos. Sin embargo, trabajaré con la idea de tres cielos para continuar dentro de la razón de ser seres tripartitos.
3. Su Templo consistía de un atrio, un lugar Santo y lugar Santísimo.
4. Una familia tiene padre, madre e hijos.
5. Todo ser humano que nace está diseñado para funcionar en tres partes. Estos son espíritu, alma y cuerpo, al decir funcionar en tres partes significa, completamente,

esto implica tener los frutos del funcionamiento en los tres niveles. De manera que todo opera en tres partes y fue creado por Dios así para que en todos los aspectos de un individuo fuera prosperado en tres niveles, espíritu, alma y cuerpo.

Los tres niveles en buen funcionamiento

3 Juan 1:2 LBLA
Amado, <u>ruego que seas prosperado en todo</u> **así** <u>como prospera tu alma,</u> **y que** <u>tengas buena salud.</u>

De acuerdo a este verso puedo decir que el apóstol Juan conocía que el anhelo de Dios es prosperar en los tres niveles.

1. Cuerpo en relación con Dios / el fruto será cuerpo saludable.
2. Alma en relación con Dios / el fruto será alma prospera.
3. Espíritu en relación con Dios / el fruto será espíritu santificado.

Armonía tripartita o completa.

Romanos 14:17 LBLA
porque el reino de Dios no es comida ni bebida, sino justicia, paz y gozo en el Espíritu Santo.

Armonía desde este punto de vista significa:

proporción conveniente y correspondencia de unas cosas con otras: unión y combinación.

1. Justicia - Expresión del espíritu.
2. Paz - Expresión del alma
3. Gozo - Expresión del cuerpo.

Incompleto funcionamiento del ser tripartito

Sin embargo cuando una parte está incompleta es posible que los creyentes estén viviendo en los siguientes patrones:

Lamentaciones 3:17 LBME
Ha sido privada mi alma de la paz; me he olvidado de la felicidad.

1. Gente santa y saludable pero no feliz
2. Gente feliz y saludable pero no santa
3. Gente santa y feliz pero no saludable

Lo incompleto de nuestra vida es lo que Dios busca romper, porque un ser incompleto no es lo que Dios ha creado; ser incompleto es tener una parte bien y dos partes malas o dos partes bien y una mala.

– Concepto Jurídico de las Ataduras del Alma –

Este concepto es clave para comprender el significado real de las ataduras del alma

Salmo 107:13-14 ^{LBLA}
¹³ *Entonces en su angustia clamaron al SEÑOR y Él los salvó de sus aflicciones;* ¹⁴ *los sacó de las tinieblas y de la sombra de muerte y rompió sus ataduras.*

1. Ataduras se dan cuando las emociones, la mente y la voluntad se hacen **nudo** entre sí.
2. Se amarraron una con otra, las amarraron entre sí. <u>Pregunta:</u> ¿Dónde están las tres cosas antes mencionadas. <u>Respuesta:</u> Si tu respuesta es en el **alma**, es correcta y de esa manera el alma legalmente queda atada.
3. De esa manera los pensamientos, las emociones y la voluntad no le pertenecen más al individuo, porque él ya no las puede dominar o dirigir equilibradamente o victoriosamente (<u>e pertenecen al que provoco las ataduras</u>).
4. El alma atada operara bajo influencia.
5. Algo o alguien obligará al alma del individuo a hacer cosas que van en contra de la vida prometida que Dios nos da.
6. El alma atada hace que la persona viva dependiendo de circunstancias, eventos o entidades espirituales o físicas.

Los efectos de las ataduras

Daré un ligero panorama de los efectos que ocasionan las ataduras del alma, porque ya lo he mencionado en capítulos anteriores.

- Son maldiciones, limitaciones, culpas, fallas, enfermedades, irresponsabilidades.
- Los efectos causan que el individuo sea exitoso en cierto punto o en algo solamente.
- Pero en su alma se experimenta como un sube y baja, por tiempo está bien y luego mal, luego bien y otra vez mal...

La expresión común de alguien que no sabe que su alma está bajo un proyecto de ingeniería que está atando el alma es,¡; "no sé qué me está pasando, todo me sale mal", etc.

El costo de las ataduras del alma:

1. Lo principal de una atadura es hacer que la persona se vuelva **incompleta**.
2. Estar incompleto en si o en algo en términos jurídicos de liberación se llama dividido o desfragmentado.
3. Incompleto significa que parte de tu alma no pertenece por el momento (hasta que se rompa la atadura), al propósito original de Dios para tu vida, si no a la situación que causo la división de tu alma.

Los Efectos Jurídicos de las Ataduras del Alma

Santiago 1:8 ^{LBLA}
siendo hombre de doble ánimo, inestable en todos sus caminos.

Doble ánimo: #1374 /*dip-suchos*/ significa: Doble mente o alma.
1. #1364 /*dis*/ significa: dos veces
2. #5590 /*psuche*/: es utilizada para referirse al alma

La Ilustración: La parte que no permite estar **completo** en el alma. Es como un archivo con varios archivos (carpetas) y que en medio de todos aparece uno con una marca (N) que significa **negativo**. Tiene falla, está incompleto, está dividido, esta desfragmentado, ajeno al propósito original.

Aclarando: Al referirme que por el **momento** no pertenece al propósito original. No significa que con el tiempo será libre, el **tiempo** no hace que se rompa las ataduras (hay que soltar las amarras). Solo se romperán identificándolas y rompiéndolas.

Isaías 58:6 ^{LBME}
¿No consiste, más bien, el ayuno que yo escogí, en desatar las ligaduras de impiedad, <u>en soltar las ataduras del yugo</u>, en dejar libres a los quebrantados y en romper todo yugo?

Todas las ataduras son tridimensionales, involucran tres partes:

Cualquier clase de atadura en el alma de una persona, **siempre** se diagnostica desde tres áreas importantes.

- Sea atadura de dinero, atadura de vicios, atadura sexual.
- Sea atadura de relaciones, atadura de maldiciones, atadura de enfermedades, etc.

Es decir que todas las ataduras comienzan con un **nudo**, con amarrar las emociones, la mente, la voluntad que son los tres asientos del alma. Todas las ataduras antes mencionadas involucran los tres asientos del alma. Básicamente es afectada la vida interior la cual es la memoria, el intelecto, los pensamientos y la voluntad.

El alma impía es el alma en involución

La palabra alma impía desde este ángulo significa que fue atada, por lo tanto es ajena temporalmente a los propósitos originales de Dios para su vida porque esta desfragmentada. Tiene partes en su alma en ataduras que no le permite estar **completa**, requisito para la *parusía* según 1 Tesalonicenses 5:23…

Cuando el alma esta impía no está desechada

Los Efectos Jurídicos de las Ataduras del Alma

totalmente por Dios, al contrario, Dios está en la búsqueda de esa alma para romper esas ataduras (Dios trabaja para romper ataduras del alma del hombre).

Juan 5:14-17 LBLA
14 Después de esto Jesús lo halló en el templo y le dijo: <u>Mira, has sido sanado; no peques más, para que no te suceda algo peor.</u> **15** El hombre se fue, y dijo a los judíos que Jesús era el que lo había sanado. **16** A causa de esto los judíos perseguían a Jesús, porque hacía estas cosas en el día de reposo. **17** Pero Él les respondió: <u>Hasta ahora mi Padre trabaja,</u> y yo también trabajo.

Dios no quiere que el alma impía pase al siguiente paso, es decir de un alma impía a un alma inicua. Esto es la meta de la ingeniería del alma impía, dirigida por el reino de las tinieblas y sus huestes de inmundicia.

Salmo 107:13-14 LBLA
13 Entonces en su angustia clamaron al SEÑOR y Él los salvó de sus aflicciones; **14** los sacó de las tinieblas y de la sombra de muerte <u>y rompió sus ataduras</u>.

Este final es para llevarnos a una reflexión de nuestra vida y comenzar a orar a Dios para ser totalmente libres:

1. Primero que nos revele acerca de nuestras ataduras.

2. Segundo nos dé el perdón por haber vivido así todo este tiempo sin considerar lo incompleto que hemos sido.
3. Tercero anhelemos profundamente ser libre de esas ataduras.

Oración: Padre amado en el nombre de Jesús clamo a ti pidiéndote que con tu poder se rompa dentro de mi alma, toda atadura que haya venido por medio de una ingeniería del alma impía la cual es dirigida por Satanás, abogo a ti pidiendo que obres a favor de mi vida y me arrepiento, si yo, consciente o inconscientemente respondí a las influencias negativas; En tu nombre Jesús me declaro libre. Amén.

Los Efectos Jurídicos de las Ataduras del Alma

Destruyendo las Fortalezas Tripartitas

10

Todos los seres humanos tienen por lo menos tres fortalezas que no les permite ser lo que dios estableció para ellos, las cuales son: lo genético lo psicológico y lo ambiental.

Si no se hace nada para descubrir y ocuparse de esas tres fortalezas, estarán en la misma condición que está la humanidad sin Cristo es decir sin poder ser todavía lo que Dios estableció para ellos.

Estas tres fortalezas producen dos cosas:
1. Operan como ladrones de identidad.
2. Mantienen el ciclo de derrota o de males a las personas.

Para poder explicar acerca de ellas daré tres bases bíblicas que contienen la idea de esta explicación.

1ra fortaleza - lo genético:

Hebreos 12:4 JBS
Que aun no habéis resistido hasta la sangre, combatiendo contra el pecado:

2ᵈᵃ fortaleza - lo psicológico:

Romanos 12:2 ᴶᴮˢ
Y no os conforméis á este siglo; mas reformaos por la renovación de vuestro entendimiento, para que experimentéis cuál sea la buena voluntad de Dios, agradable y perfecta.

3ʳᵃ fortaleza - lo ambiental:

Ezequiel 16:3 ᴶᴮˢ
Y di: Así ha dicho el Señor Jehová sobre Jerusalem: Tu habitación y tu raza fué de la tierra de Canaán; tu padre amorrheo, y tu madre hetea.

Estas tres son fortalezas que afectan el ser tripartito de la persona tratando de evitar que se complete lo que el apóstol Pablo dice:

1 Tesalonicenses 5:23 ᴸᴮᴸᴬ
Y el Dios de paz os santifique en todo; para que vuestro espíritu y alma y cuerpo sea guardado entero sin reprensión para la venida de nuestro Señor Jesucristo.

Efectos de las fortalezas tripartitas:

- Primero lo genético afecta el cuerpo.
- Segundo lo psicológico afecta el alma
- Tercero lo ambiental afecta lo espiritual

No se puede llegar al nivel de la santidad requerida para la venida del Señor, ya que estas tres fortalezas batallan contra las tres áreas de nuestra vida que conforman nuestra identidad, es decir, quién soy yo.

Fortaleza por definición: Es la fortificación de un pensamiento contrario que está formado en la mente, está encerrado y que afecta la vida, la idea de fortificado es: muros altos, anchos y largos.

Fortaleza es el lugar de protección que tiene el enemigo contra nosotros y donde guarda pensamientos contrarios, ideas, planes y proyectos en nuestra contra. Es también el lugar donde Satanás se protege y que le garantiza ejercer influencia sobre la persona usando la información negativa o trastocando otra. las fortalezas fueron puestas desde antes de venir a Cristo y toda la humanidad las tiene.

El cristiano debe derribar estas fortalezas porque si no lo hace no ha cambiado nada y seguirá batallando con una vida limitada y en ciclos de derrota, de enfermedades, etc. Una fortaleza no sólo afecta directamente a la persona sino que puede afectar a la familia.

– 1- Lo Genético –

Esta primera fortaleza es el factor que afecta lo físico, es decir el cuerpo, todos debemos batallar y vencer la fortaleza llamada genética, si alguno no batalla esto le producirá limitaciones en su vida. Lo genético es como el maquillaje que no pedimos es de lo que estamos habilitados o compuestos, es la información que tenemos en nuestro ADN las características de nuestra personalidad, color de ojos, piel, estatura, tono de voz, algunas enfermedades, vicios, males, etc. A esto se refiere el apóstol Pablo en Hebreos 12 2.

Los ciclos contra la derrota:

Hay enfermedades que son genéticas y debemos ser libres de esa fortaleza, porque esta abre la puerta al espíritu de enfermedad y de muerte. Ciclos de enfermedad que se repiten y no dejan al hijo de Dios avanzar aunque se ha sometido a exámenes médicos no se encuentra un diagnóstico razonable. La razón es de carácter espiritual y hasta que se rompa una fortaleza será libre del espíritu de enfermedad que es el que la resguarda.

Hay enfermedades que están en la línea sanguínea, afectaron al bisabuelo, luego al abuelo o a la madre, no podemos permitir que esto continúe con nosotros ni con nuestra simiente, la salud de los hijos de Dios depende muchas veces de derrotar la fortaleza de lo genético, debemos pelear para vencer esta fortaleza, no debemos aceptar esas enfermedades, debemos pelear fuerte en orden de romperla aprovechando el poder del Espíritu Santo.

Fortaleza genética ataca tu cuerpo:

La debilidad del cuerpo y el no reposar bien puede estar en la información genética, así como muchos otros males que atacan el cuerpo físico. una forma para vencer la fortaleza genética es por medio de la Santa cena, el pan y el vino, el cuerpo y la sangre del Señor, el cordero y su sangre.

El Apóstol Pablo relacionó la cena del Señor con la salud del creyente, esta no es una receta médica sino revelación del cielo, el médico celestial trae la medicina para la sanidad divina y esta es la medicina que Dios nos provee para vivir diariamente saludables.

1 Corintios 11:28 ^{RVA}
Por tanto, pruébese cada uno á sí mismo, y coma así de aquel pan, y beba de aquella copa. 29 Porque el que come y bebe indignamente, juicio come y bebe para sí, no discerniendo el cuerpo del Señor. 30 Por lo cual hay muchos enfermos y debilitados entre vosotros; y muchos duermen.

En lo Genético es: examínese cada uno

Los Israelitas que salieron de Egipto hacia su libertad después de sacrificar y comer el cordero, y colocar la sangre como señal contra el espíritu de muerte. El cordero pascual y su sangre, las cuales son prototipo de la cena del Señor.

Salmos 105:36-37 ^{RVA}

³⁶ Hirió además á todos los primogénitos en su tierra, el principio de toda su fuerza. ³⁷ Y sacólos con plata y oro; y no hubo en sus tribus enfermo.

Jesús dijo durante sus días que comieran y bebieran su sangre así como el cordero fue comido por el pueblo de Israel y su sangre habla de una nueva genética, de una genética divina en nosotros, recordemos que Levíticos 11:17 dice que la vida está en la sangre, la vida de Cristo.

Juan 6:53-56 ^{RVA}

⁵³ Y Jesús les dijo: De cierto, de cierto os digo: Si no comiereis la carne del Hijo del hombre, y bebiereis su sangre, no tendréis vida en vosotros. ⁵⁴ El que come mi carne y bebe mi sangre, tiene vida eterna: y yo le resucitaré en el día postrero. ⁵⁵ Porque mi carne es verdadera comida, y mi sangre es verdadera bebida. ⁵⁶ El que come mi carne y bebe mi sangre, en mí permanece, y yo en él.

Explicaré los beneficios de la cena del Señor como nuestra victoria sobre las fortalezas tripartitas.

Ministrando la cena del Señor

No hay razón para seguir sufriendo el ciclo de la enfermedad y del peligro de muerte por la fortaleza genética, el que tenga fe y desea vencer esta fortaleza eche mano del pan, el vino y la oración para la salud y la victoria, no hay duda que para destruir lo genético que afecta el cuerpo, el poder está en la cena del Señor que la derriba.

-2- Lo Psicológico -

La siguiente fortaleza que debemos derribar es el factor psicológico porque afecta el alma y la mente, lo psicológico trata con el sistema de pensamientos y condición de nuestra alma, implica lo mental y como consecuencia lo almático y lo anímico; lo que tiene que ver con la mente y el alma, la Biblia dice que según los pensamientos y las ideas que tenemos así es nuestra alma.

Proverbios 23:7 ^{RVA}
Porque cual es su pensamiento en su alma, tal es él. Come y bebe, te dirá; mas su corazón no está contigo.

¿Cómo opera la fortaleza psicológica que cada creyente tiene? Para entender cómo podemos derribar este tipo de fortaleza, debemos responder a las siguientes preguntas:

¿Qué es lo que permites que tu mente medite?

Lo que alimenta tu mente eso será tu meditación, lo que dejas que se desarrolle en tu vida de pensamientos eso será lo que meditarás de día y de noche y hará que seas lo que eres: derrotado o victorioso, negativo o positivo, por eso la Biblia dice que debemos renovar la mente.

Romanos 12:2 ^{RVA}
Y no os conforméis á este siglo; mas reformaos por la renovación de vuestro entendimiento, para que experimentéis cuál sea la buena voluntad de Dios, agradable y perfecta.

¿Quién es el que tiene influencia en tus pensamientos, ideas y decisiones? En otras palabras, ¿A quién escuchas?

El factor de lo psicológico

¿Quién y qué es lo que ejerce influencia para cambiar tus ideas o pensamientos acerca de una cosa o persona? ¿De qué manera afecta tus conexiones divinas y cambia el rumbo de tu vida? ¿Qué personas tienen influencia en tu vida?

Si no respondes podría ser que alguien pueda estar cambiando el destino por la influencia negativa que tiene sobre tu vida, casi siempre quienes más influencian son aquellas personas que tienen algún parentesco, también las personas que no lo tienen pero que son muy cercanas.

¿A quién escuchas?

Esta pregunta significa quién es el dueño de tu oído el oído, es como el punto de nacimiento de ideas, por eso el sistema auditivo tiene forma de feto, la forma como oímos o cómo nos hablan dan lugar a la fortaleza de lo psicológico; por ejemplo: amenazas, insultos, maldiciones, el dicho conocido: eres un tonto no vas a poder, etc.

¿Quién es el que tiene influencia en tus pensamientos, ideas y decisiones? En muchos de ustedes la persona que menos influencia su vida es el pastor. No piden consejo, no aceptan consejo sino que hacen lo que les da la gana y por eso la vida de algunos no sale del ciclo de derrota, alguien me dijo una vez: "El consejo gratis no se valora".

Otras personas que influencian en lo psicológico son aquellos que te causaron mucho dolor, eso significa que cada vez que vas a empezar una nueva etapa o relación tienes miedo de sufrir de nuevo el mismo dolor. Significa entonces que esa persona que te causó el dolor todavía tiene influencia sobre tu vida.

Quienes causaron dolor, muchas veces ya no pertenecen a nuestra nueva etapa pero aún influencian nuestra vida si no se derriba esa fortaleza. Tienen más influencia que cualquier otro, es importante saber que entre más mora un pensamiento de dolor en la mente y en el alma; más habita esa influencia o esa persona, la cual es la fortaleza psicológica y hay que romperla.

2 Corintios 10:4-5 ^{RVA}
4 (Porque las armas de nuestra milicia no son carnales, sino poderosas en Dios para la destrucción de fortalezas;) 5 Destruyendo consejos, y toda altura que se levanta contra la ciencia de Dios, y cautivando todo intento á la obediencia de Cristo;

Muchos creyentes son psicológicamente manipulados porque no saben que lo psicológico es una fortaleza que los hace retroceder, estanca a la persona y la mantiene en ciclos negativos. Sólo con recordar a aquellas personas que influenciaron negativamente su vida en el pasado nos daremos cuenta como afectaron el ritmo de la misma, si eso no cambia; se repetirá y siempre estará dando vueltas en su vida y yendo de un lugar a otro o hacia atrás siempre.

– 3- Lo Ambiental –

La tercera fortaleza es el factor ambiental, este

último afecta con espíritu de clima a nuestro espíritu o lo espiritual, esto significa que las circunstancias que nos rodean en el lugar donde vivimos nos afectarán.

Donde crecimos, donde vivimos repercute positiva o negativamente. Si el espíritu del ambiente pasado no se cambia puede ser el espíritu del ambiente presente que nos persigue. Cada ambiente tiene un espíritu, es el espíritu del clima, el espíritu que tratará de ser permanente.

Ambiente:

Conjunto de condiciones que caracterizan la situación o la circunstancia que rodea a una persona. Hay clima familiar, clima espiritual, clima religioso, etc. Esto también produce un sistema de pensamientos que cautivan al individuo. Veamos un pasaje bíblico que nos deja ver como un ambiente afecta a las personas.

Ezequiel 16:3 RVA
Y di: Así ha dicho el Señor Jehová sobre Jerusalem: Tu habitación y tu raza fué de la tierra de Canaán; tu padre Amorrheo, y tu madre Hethea.

El lugar donde una persona crece influye en la forma en que fue criado, si la crianza no fue la correcta esto puede limitar su vida, y esto debido al ambiente que lo rodea. Dios quiere que todos los días al despertar por la mañana peleemos para que el ambiente de nuestra crianza en el pasado no esté en el presente.

El espíritu de los ambientes:

Veremos algunos ejemplos de cómo el espíritu de un ambiente trata de quitar lo que somos y lo que Dios ha ordenado para nuestra vida. La iglesia de Esmirna estaba en el ambiente de una sinagoga de Satanás; Esmirna significa **mirra**. La mira habla de sufrimiento, pruebas, dificultades las cuales hay que romper. Esto lo produce el espíritu del ambiente o el clima que lo rodea.

Apocalipsis 2:9-10 JBS
⁹ *Yo sé tus obras, y tu tribulación, y tu pobreza (pero tú eres rico), y la blasfemia de los que se dicen ser Judíos, y no lo son, mas son sinagoga de Satanás. ¹⁰ No tengas ningún temor de las cosas que has de padecer. He aquí, el diablo ha de enviar algunos de vosotros á la cárcel, para que seáis probados, y tendréis tribulación de diez días. Sé fiel hasta la muerte, y yo te daré la corona de la vida.*

La iglesia de Pérgamo estaba en el lugar considerado el ambiente del trono de Satanás. Pérgamo significa altura o elevación y viene de una palabra griega #4444 /*furgos*/ significa una torre, una estructura fortificada, una fortaleza levantada a considerable altura para repeler ataques hostiles, estar disponible para vigilantes que tengan la posibilidad de ver en toda dirección.

Apocalipsis 2:12-13 *JBS*
¹² Y escribe al ángel de la iglesia en PÉRGAMO: El que tiene la espada aguda de dos filos, dice estas cosas: ¹³ Yo sé tus obras, y dónde moras, donde está la silla de Satanás; y retienes mi nombre, y no has negado mi fe, aun en los días en que fué Antipas mi testigo fiel, el cual ha sido muerto entre vosotros, donde Satanás mora.

La iglesia de Tiatira estaba en un ambiente conocido como las profundidades de Satanás. El ambiente que prevalecía era el de conocimiento acerca de las cosas ocultas, es decir el ocultismo. Tíatira significa sacrificio en el parto [según Dicc. Hitchcock] problemas de nacimiento espiritual o biológico, hijos consagrados a potestades.

Apocalipsis 2:24-26 *RVA*
²⁴ Pero yo digo á vosotros, y á los demás que estáis en Tiatira, cualesquiera que no tienen esta doctrina, y que no han conocido las profundidades de Satanás, como dicen: Yo no enviaré sobre vosotros otra carga. ²⁵ Empero la que tenéis, tenedla hasta que yo venga. ²⁶ Y al que hubiere vencido, y hubiere guardado mis obras hasta el fin, yo le daré potestad sobre las gentes;

Si no peleamos contra estas cosas nunca

avanzaremos, esta es la razón por la que muchos creyentes no crecen, no avanzan ni maduran en su vida.

El poder que destruye tres fortalezas:

1 Corintios 11:28-30 ^{RVA}
^{28} *Por tanto, pruébese cada uno á sí mismo, y coma así de aquel pan, y beba de aquella copa.* ^{29} *Porque el que come y bebe indignamente, juicio come y bebe para sí, no discerniendo el cuerpo del Señor.* ^{30} *Por lo cual hay muchos enfermos y debilitados entre vosotros; y muchos duermen.*

Los enfermos afectados por la fortaleza de lo genético, al cuerpo. Los débiles afectados por la fortaleza de lo psicológico, al alma. Los que duermen afectados por la fortaleza de lo ambiental, al espíritu.

Isaías 53:4-5 ^{RVA}
^{4} *Ciertamente llevó él nuestras enfermedades, y sufrió nuestros dolores; y nosotros le tuvimos por azotado, por herido de Dios y abatido.* ^{5} *Mas él herido fué por nuestras rebeliones, molido por nuestros pecados: el castigo de nuestra paz sobre él; y por su llaga fuimos nosotros curados.*

Llevó nuestras enfermedades # 2483 /kholee/ o /choly/ significa: enfermedades, males, malestares internos o externos. Sanidad para el cuerpo, lo genético Su cuerpo y Su sangre destruyen la fortaleza de lo genético.

Cargó nuestros dolores # 4341 /*makobe*/ o /*macob*/ significa: dolores mentales, desánimos, depresiones, cansancio mental. Sanidad para el alma lo, psicológico. Su cuerpo y Su sangre destruyen la fortaleza de lo psicológico, rompen malas influencias o manipulaciones y trastoques en la mente y el alma.

Herido por nuestras transgresiones e iniquidades. El castigo por nuestra paz cayó sobre él y por sus heridas hemos sido sanados. # 7495 /*rapha*/ sanidad para el espíritu.

Sanidad completa en el espíritu lo ambiental. El cuerpo y la sangre de nuestro Señor Jesucristo destruyen las fortalezas de lo genético, lo psicológico y lo ambiental.

– El Alma Desequilibrada –

En tiempos como este será necesario entender la importancia del equilibrio. Un desequilibrio consiste en la pérdida del control en una o varias áreas en la vida de una persona. Una de las partes de nuestro cuerpo que sufre el desequilibrio es nuestra alma y un alma desequilibrada es una que perdió el control. En el control en sus emociones básicas y como consecuencia se vuelve vulnerable al tráfico de ideas negativas, al tráfico de todo mal y al tráfico de espíritus inmundos.

Usaré un verso que nos introducirá al pensamiento divino y así podremos comprender lo peligroso que es vivir sin control de nuestra alma.

Proverbios 25:28 RVA
Como ciudad derribada y sin muro, es el hombre cuyo espíritu no tiene rienda.

Para entender el impacto que tienen la idea de una ciudad sin murallas será necesario recordar la historia de Jeremías y la ciudad de Jerusalén.

Nehemías 1:1-4 LBLA
¹ Palabras de Nehemías, hijo de Hacalías. Aconteció que en el mes de Quisleu, en el año veinte, estando yo en la fortaleza de Susa, ² vino Hananí, uno de mis hermanos, con algunos hombres de Judá, y les pregunté por los judíos, los que habían escapado y habían sobrevivido a la cautividad, y por Jerusalén. ³ Y me dijeron: El remanente, los que sobrevivieron a la cautividad allí en la provincia, están en gran aflicción y oprobio, y la muralla de Jerusalén está derribada y sus puertas quemadas a fuego. ⁴ Y cuando oí estas palabras, me senté y lloré, e hice duelo algunos días, y estuve ayunando y orando delante del Dios del cielo.

La Ingeniería del Alma Impía

Cuando una ciudad como Jerusalén pierde sus murallas es vulnerable a todo, pierde toda su riqueza, patrimonio, valores y se vuelve una ruina por todos lados, pierde la condición normal del lugar, su atmósfera, su clima, su cultura, su fortaleza, su sistema y su dimensión. Jerusalén la ciudad del gran Rey, la ciudad que significa fundada en paz, sus murallas estaban derribadas y por dentro todo era ruinas.

Nehemías 2:13 ^{RVA}
Y salí de noche por la puerta del Valle hacia la fuente del Dragón y á la puerta del Muladar; y consideré los muros de Jerusalem que estaban derribados, y sus puertas que estaban consumidas del fuego.

La pérdida del control en el alma:

Cuando una persona pierde el control en su vida es vulnerable al tráfico de espíritus de las tinieblas así como de ideas equivocadas. No es necesariamente una posesión diabólica, pero sí es blanco de constantes ataques que producen ciclos de derrotas, fracasos y daños en la vida de quien lo sufre. Mucha gente experimenta ciclos de pobreza, enfermedades o conflictos familiares; todo eso es posible porque su vida especialmente en su alma se encuentra como una ciudad con murallas pero derribadas.

Destruyendo las Fortalezas Tripartitas

Pérdidas de control:

- En lo económico hay gente que no sabe controlar su dinero o es muy despilfarrador o muy tacaño.
- En la comida no sabe alimentarse come mucho o no come apropiadamente.
- En lo sexual es muy lujurioso o disfuncional.
- En el carácter se manifiestan diferentes personalidades.
- En lo espiritual es demasiado místico o muy pragmático.
- En lo laboral no es productivo o es adicto al trabajo

Las tres emociones:

La pérdida de control se debe a que no supo mantener el equilibrio en tres emociones básicas que todo ser humano tiene, estas tres emociones se conectan con todas las clases de emociones que hay en el interior de las personas. De tres emociones básicas proviene la preocupación, los gritos, la ansiedad, tristeza, depresión, poco contentamiento y otras semejantes.

Colores bases:

Esto es como los tres colores primarios rojo, azul y amarillo que es de donde se derivan los otros colores que existen. Si alguien logra controlar las bases emocionales en su alma, logrará traer el equilibrio de nuevo a su vida. Una persona equilibrada es impenetrable para toda clase de males, angustia, desesperación, amargura, etc.

Las tres emociones y sus direcciones:

Estas tres emociones pueden influenciar positiva o negativamente dependiendo del equilibrio. La influencia de ellas llevan conducen o hacen ir en tres diferentes direcciones en la vida y en cada circunstancia. Originalmente estas emociones las diseño Dios para que nos ayudaran a ir en la senda correcta, pero cuando se pierde el control su influencia es errada y negativa. La emoción te lleva hacia adelante sigues algo o alguien, pero si está derribada o sin equilibrio irás detrás de algo o alguien en forma equivocada. Si está con murallas irás hacia adelante en pos de lo correcto.

La emoción que te lleva en contra de... Vas en contra de algo o alguien la emoción que te lleva hacia atrás eso te hace retroceder de algo o de alguien.

El tiempo final requiere de equilibrio:

El apóstol Pablo hablaba al respecto del equilibrio en la economía.

Filipenses 4:11-13 ^{LBLA}

¹¹ No que hable porque tenga escasez, pues he aprendido a contentarme cualquiera que sea mi situación. ¹² Sé vivir en pobreza, y sé vivir en prosperidad; en todo y por todo he aprendido el secreto tanto de estar saciado como de tener hambre, de tener abundancia como de sufrir necesidad. ¹³ Todo lo puedo en Cristo que me fortalece.

Será necesario que en este tiempo tan peligroso e inestable aprendamos el secreto del equilibrio para que vivamos en control de todo; recordemos el texto base y veamos otras versiones:

Proverbios 25:28 ^{DHH}
Como ciudad sin muralla y expuesta al peligro, así es quien no sabe dominar sus impulsos.

¿Cómo se pierde el equilibrio?

Es posible que todos nos hagamos la misma pregunta. La misma Biblia nos deja ver porque hay desequilibrio en las emociones:

Filipenses 4:6 ^{RVR1960}
Por nada estéis afanosos, sino sean conocidas vuestras peticiones delante de Dios en toda oración y ruego, con acción de gracias.

De lo que más abunda en tu alma, construirás el equilibrio o así mismo lo destruirás.

La batalla emocional:

Veremos a un personaje bíblico en medio de una batalla emocional como pierde el equilibrio y como lo vuelve a recuperar, pero para poder explicar en qué consiste la pérdida y la recuperación de este equilibrio es necesario darle alguna información.

Datos importantes:

Estudiosos demuestran que el promedio de palabras que hablamos por minuto son de 150 a 200 este es el lenguaje externo. Sin embargo, los mismos expertos en la materia dicen que internamente hablamos aproximadamente 1300 palabras por minuto, este es el lenguaje interior este último es un lenguaje silencioso. De este lenguaje silencioso están construidos nuestros pensamientos, las 1300 palabras interiores en la estructura de pensamientos, esto no es un pensamiento místico, los pensamientos son como bloques sólidos y reales en las personas. Un minuto del pensamiento lleva muchos minutos de palabras para explicarlo, un pensamiento puede gobernar una vida, ellos pintan fotografías en la imaginación, pueden darte la victoria o pueden conducirte a la derrota.

La persona negativa:

Entre más negativa es una persona en su mente, más vulnerables será en sus murallas de control o equilibrio. En la medida que seas más instruido en la fe, más adoctrinado serás en tu estructura como creyente, más equilibrado serás y tendrás un alma controlada, tus murallas permanecerán de pie.

– Las Lamentaciones de Jeremías –

Jeremías se lamentaba por la cautividad y la destrucción de Jerusalén, en un solo capítulo se nos habla de una misma persona con diferentes emociones por la misma causa, pero al cambio de su mentalidad cambia las emociones.

Lamentaciones 3:1-19 LBLA
Yo soy el hombre que ha visto la aflicción bajo la vara de su furor. ² El me ha llevado y me ha hecho andar en tinieblas y no en luz. ³ Ciertamente contra mí ha vuelto y revuelto su mano todo el día. ⁴ Ha hecho que se consuman mi carne y mi piel, ha quebrado mis huesos. ⁵ Me ha sitiado y rodeado de amargura y de fatiga. ⁶ En lugares tenebrosos me ha hecho morar, como los que han muerto hace tiempo. ⁷ Con muro me ha cercado y no puedo salir, ha hecho pesadas mis cadenas. ⁸ Aun cuando clamo y pido auxilio, El cierra el paso a mi oración. ⁹ Ha cerrado mis caminos con

piedra labrada, ha hecho tortuosos mis senderos.

Lamentaciones 3:15-20 RVR1995
[15] *Me ha llenado de amargura, me ha embriagado de ajenjo.* [16] *Mis dientes quebró con guijarros y me cubrió de ceniza.* [17] *Y mi alma se alejó de la paz, me olvidé del bien* [18] *y dije: «Perecieron mis fuerzas y mi esperanza en Jehová.»* [19] *Acuérdate de mi aflicción y de mi abatimiento, del ajenjo y de la hiel.* [20] *Aún lo tengo en la memoria, porque mi alma está abatida dentro de mí.*

Hasta aquí Jeremías está expresando la condición de un creyente emocionalmente destrozado. Todo lo anterior de la experiencia de Jeremías pasa en el interior de su mente (1300 palabras por minuto). Esto es la figura de un creyente con el alma desequilibrada, sus murallas están destruidas, es impresionante ver que lo que él mismo habla en su interior lo hace sentir emocionalmente derrotado. Así es como un cristiano experimenta los desequilibrios emocionales en tiempos difíciles.

La diferencia emocional:

Lamentaciones 3:21 RVR1995
[21] *Pero esto consideraré en mi corazón, y por esto esperaré:* [22] *Que por la misericordia de Jehová no hemos sido consumidos, porque nunca decayeron sus misericordias;* [23] *nuevas son cada mañana. ¡Grande es tu fidelidad!* [24] *«Mi porción es Jehová; por tanto, en él*

esperaré», dice mi alma. ²⁵ Bueno es Jehová a los que en él esperan, al alma que lo busca. ²⁶ Bueno es esperar en silencio la salvación de Jehová. ²⁷ Bueno le es al hombre llevar el yugo desde su juventud. ²⁸ Que se siente solo y calle, porque es Dios quien se lo impuso;

Otras versiones dicen:

Lamentaciones 3:21 ᴮᴾᴰ
Pero me pongo a pensar en algo y esto me llena de esperanza.

ᴮᴶ² *Esto revolveré en mi corazón por ello esperaré.*

ᴮᴶ³ *Pero algo traigo a la memoria, algo que me hace esperar.*

Del versículo 1 al 20 Jeremías está fluyendo con 1300 palabras por minuto, [lenguaje interior silencioso] en su mente y pensamientos él está hablando consigo mismo, su interior y sus emociones se encuentran caídas y sin esperanza, esto es el ejemplo de como muchas personas en sus pensamientos se derrotan a sí mismas.

Una sola cosa cambió en sus emociones y fue cuando cambiaron sus pensamientos, del versículo 21 al 28 Jeremías nos deja ver un panorama diferente [el cambio emocional], nada había cambiado en el mundo de Jeremías entre los versos 1 y 20 hasta que sus pensamientos fueron diferentes, entonces cambiaron sus emociones.

La persona puede cambiar todo el entorno de su vida cuando cambia sus pensamientos. Entonces cambia su mundo, su atmósfera, sus emociones, etc.

Cuando se cambia de la guerra La Paz es porque la gente decide ponerse en paz en su interior primeramente y luego con los demás. Hay gente que permanece en guerra innecesariamente porque en sus pensamientos no desea cambiar. La falta de equilibrio emocional tiene que ver con los pensamientos equivocados que surgen por no tener murallas.

La importancia del equilibrio:

Recordemos lo dicho anteriormente: "de lo que más abunda en tu alma construirás el equilibrio o lo destruirás.

Filipenses 1:9-10 RVR1909
⁹ Y esto ruego, que vuestro amor abunde aun más y más en ciencia y en todo conocimiento, ¹⁰ Para que discernáis lo mejor; que seáis sinceros y sin ofensa para el día de Cristo;

Nos damos cuenta de la velocidad con que se pueden construir la victoria o la derrota de una persona desde su interior emocional: 1300 palabras por minuto.

Los Equilibrios del Alma

11

Los Equilibrios del Alma

Quiero continuar aportando acerca de la importancia de entender el equilibrio del alma, porque considero que uno de los grandes problemas que se presentarán en este tiempo es la falta de control o falta de dominio propio. No hay cosa más dañina en la vida de un hombre o de una mujer como la falta de control en algunas o muchas áreas que involucran al alma. Si estas cosas se logran controlar ahí se logrará equilibrar el alma.

Ejemplo:
- El desequilibrio en el apetito sexual.
- Desequilibro el económico.
- Desequilibrio en el carácter.
- Falta de control en cualquier otra cosa.

El alma equilibrada será libre de avenidas a espíritus inmundos, libre de traumas, errores, ciclo de caídas, etc. Debemos entender que la fase que estamos viviendo es de perfección de nuestra alma y recuperar el equilibrio en ella es parte del programa de Dios.

Base bíblica:

Proverbios 25:28 RVA
Como ciudad derribada y sin muro, es el hombre cuyo espíritu no tiene rienda.

Este pasaje nos hace recordar los peligros que enfrentaron aquellas ciudades que les derribaron sus murallas. Anteriormente hablé de Jerusalén y sus murallas derribadas, veamos otro ejemplo:

Jericó, la ciudad sin murallas:

En la biblia podemos ver que al derribar los muros de Jericó los israelitas entraron y conquistaron la ciudad.

Josué 6:20 RVA
Entonces el pueblo dió grita, y los sacerdotes tocaron las bocinas: y aconteció que como el pueblo hubo oído el sonido de la bocina, dió el pueblo grita con gran vocerío, y el muro cayó á plomo. El pueblo subió luego á la ciudad, cada uno en derecho de sí, y tomáronla.

Cuando no hay murallas en una ciudad cualquiera puede entrar en ella. Jericó con su murallas en pie era impenetrable a pesar de que Dios había prometido esa tierra a los israelitas, pero para conquistarla fue necesario derribarlas. Cuando el creyente pierde el control de sus murallas se convierte en una ciudad vulnerable puede perder todo lo valioso que existe por dentro. Jericó era como el gran portón de la tierra prometida donde fluye leche y miel. Cuando el creyente pierde el control o equilibrio de su vida, es como una ciudad fácil de ser invadida por fuerzas de las tinieblas. Espiritualmente hablando si logramos mantener controlada nuestra alma nunca seremos invadidos por demonios o espíritus inmundos;

Murallas caídas:

Los creyentes que viven su vida con murallas caídas estarán en constante derrota, fracasos y pecados; no podemos continuar sin hacer algo para levantar esas murallas de nuevo. Ser creyentes con murallas caídas nos pone en desventaja ante cualquier cosa que quiera conquistarnos.

–Resumen del Alma Desequilibrada–

Las emociones sin control:

Estas nos hacen caer en la tendencia como de dibujar en el interior de nuestra mente figuras imaginarias. Son conclusiones por causa de la ausencia de cualquier evidencia. Ahora voy a explicar cuáles son estas tres emociones que necesitamos controlar y así recuperar el equilibrio del alma.

Las tres emociones básicas en el humano:

En todo ser humano hay tres emociones básicas y son como murallas que debemos controlar.
- Amor
- Enojo
- Temor

De estas tres emociones se deriva una gran cantidad de sentimientos que las personas tienen en su vida. Por ejemplo; sentimiento de tristeza, de soledad, de victimización, de nostalgia, de desánimo, de melancolía, de depresión. Todos estos ejemplos provienen del núcleo de las tres emociones básicas.

La operación de las tres emociones básicas:

Todo ser humano experimenta estas emociones consideradas primarias cada una de ellas es como una fuerza que empuja en una dirección. Es la emoción que te lleva hacia adelante, sigues algo o alguien; la emoción que te lleva en contra de, es ir en contra de algo o alguien; la emoción que te lleva hacia atrás retrocede algo o de alguien.

La primera emoción básica o fuerza: amor

Originalmente Dios diseñó la emoción básica del amor para que nos ayudara de manera positiva, esta es una emoción básica diseñada para hacer fluir el sentimiento del amor, es la parte humana lo que nos hace ser sentimentales, sensibles pero no es el amor perfecto. Este amor deja de ser cuando se pasa al sentimiento la belleza, el enamoramiento, etc. Por eso no es perfecto, pero Dios derrama el espíritu del amor para restaurar el amor (emoción básica) y para que podamos cumplir el mandamiento del amor.

Romanos 5:5 *RVA*
Y la esperanza no avergüenza; porque el amor de Dios está derramado en nuestros corazones por el Espíritu Santo que nos es dado.

Se derrama lo espiritual; por eso dice derramaré de mi espíritu el amor derramado es el amor perfecto.

2 Timoteo 1:7 *RVA*
Porque no nos ha dado Dios el espíritu de temor, sino el de fortaleza, y de amor, y de templanza.

Y después de eso Dios nos manda a amar por mandamiento, pero el amor no es un mandamiento sino un espíritu, el amor por mandamiento no es amor perfecto porque cuando uno ama por mandamiento ama por obligación.

Marcos 12:30-31 *RVA*
[30] Amarás pues al Señor tu Dios de todo tu corazón, y de toda tu alma, y de toda tu mente, y de todas tus

fuerzas; este es el principal mandamiento. ³¹ *Y el segundo es semejante á él: Amarás á tu prójimo como á ti mismo. No hay otro mandamiento mayor que éstos.*

Ahora miremos cómo opera el amor como emoción básica:

El amor es la fuerza que mueve hacia adelante:

El amor es el que te hace perseguir algo o alguien, es como decir que te empuja hacia adelante, perseguirás lo que amas, irás en pos de ello y nada te detendrá.

Cuando se es emocionalmente descontrolado:

Es peligroso si no sabes equilibrar o controlar lo que amas, seguirás algo o a alguien que no es saludable, si la prioridad de tu amor está desequilibrada amarás a un hombre, a una mujer o alguna cosa más que a Dios. Ese desequilibrio te moverá a ir en pos de una persona o cosa alejándote de Dios; ahí habrá una muralla derribada, te mantendrás como ciudad sin murallas en el desequilibrio por la falta de control de las otras dos emociones básicas, por eso dice el texto base:

Proverbios 25:28 [RVA]
Como ciudad derribada y sin muro, es el hombre cuyo espíritu no tiene rienda.

A mucha gente por amar desequilibrada mente le destruyen sus murallas y sufre invasiones, sufre dolor, amarguras, sufrimientos, etc.

Muralla emocional caída:

Muchas personas cuando sus emociones están desequilibradas enfocan mal el amor y cometen errores en su vida, cometen injusticias, destruyen su matrimonio, sus hogares, abandonan hijos, abandonan a Dios, y el precio a pagar es muy alto; una persona emocionalmente sin control nunca tomará una decisión sabia.

Otro ejemplo del desequilibrio en el amor:

1 Timoteo 6:10 *RVA*
Porque el amor del dinero es la raíz de todos los males: el cual codiciando algunos, se descaminaron de la fe, y fueron traspasados de muchos dolores.

1 Juan 2:15 *RVA*
No améis al mundo, ni las cosas que están en el mundo. Si alguno ama al mundo, el amor del Padre no está en él.

–*Equilibrio del Amor*–

¿Con qué clase de amor tú amas? Dios desea que tengas el amor perfecto y así pongas un equilibrio

en tu alma.
- Mandamiento de amor obligación.
- Sentimiento de amor inestable.
- Espíritu de amor permanente perfecto.

El espíritu de amor es el que te lleva a amar por naturaleza, es decir que tu naturaleza será amor, el verdadero amor te da equilibrio y te libra del temor, el espíritu de amor te equilibra en el sentimiento del amor, el cual no es amor perfecto ninguno tiene excusa para decir que no puede amar con el amor verdadero que es un espíritu porque este ya fue derramado en cada uno.

El espíritu de amor

Necesitamos el espíritu de amor porque nos dará el equilibrio ante las otras clases de amores, por ejemplo:

El espíritu de amor da equilibrio a las emociones para que sea un sentimiento saludable, no es enfermizo ni por conveniencia. El espíritu de amor da equilibrio al mandamiento de amor para que sea un compromiso y no una obligación, se deleita en corresponder con más amor. El espíritu de amor da equilibrio porque es el amor perfecto.

La sanidad del alma para amar:

Muchos creyentes no pueden controlar influir en

el espíritu del amor perfecto porque les fue trastocado en algún momento de su vida, nuestro deber es recuperarlo y controlarlo.

Mateo 24:12 ^{RVA}
Y por haberse multiplicado la maldad, la caridad de muchos se resfriará.

Los conceptos falsos del amor:

A muchos les hicieron pensar que el amor era el sexo y el sexo no tiene nada que ver con el amor verdadero, el sexo puede ocurrir sin amor, el amor puede existir sin sexo, los dos no son dependientes uno del otro, el verdadero amor es espiritual en naturaleza, el sexo no lo es, el sexo es 100% físico y químico y es uno de los apetitos del cuerpo, pero no es amor.

A otros les privaron de un amor significativo, es decir fueron rechazados, el rechazo les impidió conocer los efectos del amor de manera que esa persona no lo conoce desde la experiencia de la pureza, esos rechazos se pueden dar en intentos de aborto, abandonos en la niñez, no provisión de responsabilidades, abuso de autoridad y otros.
A otros les condicionaron el ser amados; si me amas te amo otros conocieron el amor obligado es el amor *"estorge"* este es un amor entre familia, no importa los errores debo de amar porque al fin y al cabo es mi familia, es un amor obligado.

Otros vivieron creyendo solo en el amor "Eros" o erótico el cual es controlado por reacciones químicas y por las interacciones dentro del cuerpo y como tal es conducido totalmente por la carne, lo que la carne desea eso busca para agradar al eros.

Una persona que es conducida por el amor eros solamente ve a su pareja como un objeto sexual, un blanco para conquistar, es un estado triste en nuestra sociedad moderna que tan a menudo es animada por la visión. Sus desafíos son poder ganar a otros y satisfacer sus deseos bajo el título de amor.

Las relaciones construidas alrededor del eros solamente durarán mientras la atracción física este como prioridad, es un egoísmo. El eros no tiene ningún respeto para las sensaciones de los deseos de las otras personas estando interesado solamente en la satisfacción personal que puede conseguir de esa persona.

Como los hijos de Dios que desean recuperar el equilibrio en su alma deberán ser libres de los falsos conceptos del amor y pedirle a Dios que descongele el amor verdadero en ellos.

La segunda emoción básica:

Cuándo la primera emoción básica ha sido

afectada que es el amor la segunda está sin murallas, es decir desequilibrada. El enojo te lleva a ir en contra de: Vas en contra de lo que no deberías de ir, siempre en contra de algo o de alguien. Cuando una persona no controla su enojo siempre irá en contra de todo en su vida, hará lo incorrecto y se opondrá a todo, será una persona de contrariedades.

Efesios 4:26 RVR1960
26 Airaos, y no pequéis; no se ponga el sol sobre vuestro enojo; 27 Ni deis lugar al diablo.

Santiago 1:20 RVR1960
Porque la ira del hombre no obra la justicia de Dios.

Proverbios 19:19 RVR1960
El de grande ira llevará la pena: y si usa de violencias, añadirá nuevos males.

Proverbios 14:17 RVA
El que presto se enoja, hará locura: y el hombre malicioso será aborrecido.

Génesis 49:5-7 RVA
5 Simeón y Leví, hermanos: armas de iniquidad sus armas. 6 En su secreto no entre mi alma, ni mi honra se junte en su compañía; que en su furor mataron varón, y en su voluntad arrancaron muro. 7 Maldito su furor, que fué fiero; y su ira, que fué dura: yo los apartaré en Jacob, y los esparciré en Israel.

Una persona que no sabe controlar su emoción de enojo continúa hasta la ira y queda propensa a muchos males. La muralla que se le derriba es su propio sistema inmunológico. Se enferma del corazón y de otros males abriendo la puerta al espíritu de destrucción y de violencia.

El enojo originalmente:

Originalmente servía para sentir como un celo santo respecto aquellas cosas que van en contra de Dios, el enojo original es sentir indignación por la injusticia, un enojo normal espiritual controlado te hace actuar en justicia, pero al ser afectado por el desequilibrio emocional se vuelve negativo y peligroso.

La tercera fuerza el temor:

El temor te lleva a retroceder a involucionar, si retrocedes abandonas lo que vas encaminado a hacer, el temor original te aparta de algo o de alguien que intenta afectar tu relación con Dios, con el temor siempre vas a retroceder a todas aquellas cosas que te perjudican en tu vida santa honesta y justa. Cuando el temor se distorsionó como consecuencia del pecado la persona cae en timidez, cobardía y miedos o fobias por eso la Biblia exhorta a no dejarnos de ese temor, pero si a recuperar el temor a Dios que es el principal, que es verdadera reverencia.

2 Timoteo 1:7 ^{LBLA}
Porque no nos ha dado Dios el espíritu de temor, sino el de fortaleza, y de amor, y de templanza.

Todos los sentimientos que tenemos durante 24 horas vienen de estas tres emociones básicas; amor, enojo, temor. Dios desea que sus hijos aprendan a equilibrar su alma para que su vida no sufra derrota.

La deformación emocional del alma:

En el alma hay un asiento para las emociones, de ahí vienen los sentimientos, la palabra hebrea que nos deja ver esto es: /*nephesh*/ entre sus acepciones se encuentra el significado "El asiento de las emociones."

El primer hombre de la tierra:

Cuando el hombre fue creado por Dios, le dio asientos en su alma y uno de ellos fue el de las emociones que eran específicamente las emociones básicas: el amor, el enojo [celo santo], el temor [reverente]. A este hombre Dios le derramo el espíritu de amor el cual es perfecto para que sus emociones básicas fueran perfectas influenciadas en tres direcciones, pero a la caída de este personaje el espíritu de Dios se apartó y se llevó el espíritu de amor quedándose únicamente con el amor emoción básica.

Génesis 2:7 ^{RVA}
Formó, pues, Jehová Dios al hombre del polvo de la tierra, y alentó en su nariz soplo de vida; y fué el hombre en alma viviente.

Cuando nuestras emociones son alteradas del estado normal original cambia la persona, porque cambia su alma, de manera que en orden de volver a ser equilibrada es necesario cambiar las emociones y así cambiar el resto del alma. Después de entender que las tres emociones básicas son amor, enojo y temor veremos qué otras cosas áreas serán impactada de manera que podremos equilibrarlas también.

–*Las Ramificaciones Emocionales*–

En la clasificación de emociones existen otras emociones básicas agrupadas con sus respectivas variedades de manifestaciones éstas son:

Enojo:

Odio, disgusto, rencor, ira, mal genio, molestia, furia, resentimiento, hostilidad, impaciencia, indignación, irritación, violencia y odio.

Alegría:

Disfrute, felicidad, alivio, deleite, dicha,

estremecimiento, gratificación, orgullo, placer sensual y satisfacción.

Temor:

Miedo, pánico, pavor, fobia, ansiedad, desconfianza, nerviosismo, inquietud, terror, preocupación, opresión, remordimiento y sospecha.

Amor:

Aceptación, afinidad, amabilidad, amor desinteresado, confianza, devoción, dedicación y gentileza.

Tristeza:

Angustia, llanto, aflicción, autocompasión, melancolía, desaliento, desesperanza, pena, duelo, soledad, tristeza, depresión y nostalgia.

Sorpresa:

Asombro, estupefacción, maravilla y terror.

Vergüenza:

Arrepentimiento, humillación, mortificación, remordimiento, culpa y pena.

Repulsión:

Aversión, asco, desdén, desprecio, menosprecio y aberración.

Los creyentes afectados en estas áreas como consecuencia de haber sido descontrolados en las tres emociones básicas. Si retomamos Proverbios 25:28 donde dice: Quien no controla su espíritu es como ciudad sin murallas. ¿De qué espíritu está hablando? La palabra hebrea que refiere a espíritu es: /ruwash/ #7307 El significado común es espíritu o aliento.

Sus acepciones:

Asiento de las emociones, el enojo, el temperamento, impaciencia y paciencia; los impulsos controlados e incontrolados, el órgano de los actos mentales, el asiento del carácter moral, la energía de la vida, por definición, emociones. Estar carente de control se refiere al asiento de las emociones.

¿Qué pasa cuando alguien lo controla el espíritu?

El amor se desequilibra y se queda con el amor emocional el cual es el sentimental y ese no es perfecto de manera que si alguien no tiene equilibrio para amar. ¿Cómo es que se atreve a decir que ama? Esa persona no sabe amar porque quien ayuda a amar de verdad es el espíritu llamado "agape" es posible que haya gente que está casada pero no ha experimentado amar con ese espíritu de amor que es el único perfecto y permanente. Cuando no es así sólo tienen el sentimiento de amor el cual es un sentimiento de atracción por medio de reacciones químicas y hormonales o un sentimiento para sentir afecto o no por otra persona es un amor perfeccionista exige condiciones para amar.

Este amor es imperfecto e inestable y al no perfeccionarlo es peligroso porque tarde o temprano abandona lo que dice hoy que ama, es decir, cuando aparece otra persona que ya trae ese amor sentimental es desviado del primer enfoque y se torna en otra dirección, por eso se dan los divorcios, abandono de hogar, cambio de parejas, etc. Ahora pasaré a explicar otro punto que nos ayudará a comprender el conflicto de las emociones desequilibradas.

Las memorias del alma:

Nuestra alma ha sido diseñada para responder emocionalmente según es el estímulo desde el vientre, el siguiente pasaje nos dejará ver como una criatura percibe en sus emociones estímulos y denota si la condición de su alma.

Lucas 1:41-44 RVR1960

⁴¹ Y aconteció que cuando oyó Elisabet la salutación de María, la criatura saltó en su vientre; y Elisabet fue llena del Espíritu Santo, ⁴² y exclamó a gran voz, y dijo: Bendita tú entre las mujeres, y bendito el fruto de tu vientre. ⁴³ ¿Por qué se me concede esto a mí, que la madre de mi Señor venga a mí? ⁴⁴ Porque tan pronto como llegó la voz de tu salutación a mis oídos, la criatura saltó de alegría en mi vientre.

De igual manera siente una criatura el estímulo negativo dando lugar a lo que he llamado la deformación emocional del alma.

La deformación del alma:

Hay una relación entre las enfermedades y la condición del alma, enfermedades que no tienen respuesta médica, porque son espirituales. Las emociones negativas alteran la química del cuerpo y son capaces de producir enfermedades en el alma, la formación o deformación del alma es una fenomenología.

Fenomenología del alma:

Muchas cosas que hoy forman la personalidad se deben a las experiencias negativas o positivas de las personas, cuando el alma está desequilibrada o deformada se niega a muchas cosas normales eso significa que hay que estar como rogando a que haga algo normal, David rogaba a su alma, tuvo grandes problemas con ella y por eso fue el hombre que más hablo de la misma.

Los ataques de la deformación:

La palabra deformación es como otro término que deseo usar para ampliar más el concepto del producto del desequilibrio en el alma; hay eventos dolorosos que deforman el alma del hombre o de la mujer tales como las pérdidas afectivas, económicas, accidentes, abuso sexual, agresión e injusticia. Esos son como generadores de sentimientos y emociones que son guardadas en la memoria emocional.

Las etapas del alma:

Existen varias etapas donde el alma fue deformada como donde sufrió impactos negativos.

Primera etapa antes de nacer:

La alimentaron de rechazos, de odio, de amargura; entonces la persona que sufre las deformaciones en su alma a veces no se da cuenta de los problemas que tiene porque piensa que es normal, sin embargo, su alma está desequilibrada.

Espíritu de Rechazo:

Comienza a operar cuando el padre dice: "ese no es mi hijo" o cuando la madre dice o piensa en abortar.

La fenomenología de la deformación:

¿Cómo es que una criatura oye desde el vientre que no es un hijo deseado? ¿Cómo es que el bebé se da cuenta que no lo aman y que lo están rechazando si no está formado completamente? Su oído no está sensible aún porque no está formado completamente no tiene completo el cerebro para razonar, su fisiología cerebral no funciona todavía, no hablan ningún idioma, aún no habla el idioma de sus padres no habla español ni inglés, ¿cómo capta entonces el rechazo?

El plexo solar y el cordón umbilical:

Quien oye el rechazo es la madre la cual transmite la emoción al bebé por medio del cordón umbilical donde también fluye la sensación y las bases de la emoción en el alma del bebé, especialmente la del amor, la que se derrumba como una muralla con la emoción que resulta al privar del amor a alguien.

Lucas 1:44 RVR1960
Porque tan pronto como llegó la voz de tu salutación a mis oídos, la criatura saltó de alegría en mi vientre.

En el pasaje anterior vemos que Juan el Bautista se llenó de gozo (emoción que le transmitió su madre).

Juan el Bautista:

¿Cómo escuchó Juan el Bautista si no tenía desarrollado su oído? Elisabet, madre de Juan había quedado embarazada seis meses antes de María madre de Jesús.

Lucas 1:34-36 RVR1960

34 Entonces María dijo al ángel: ¿Cómo será esto? pues no conozco varón. 35 Respondiendo el ángel, le dijo: El Espíritu Santo vendrá sobre ti, y el poder del Altísimo te cubrirá con su sombra; por lo cual también el Santo Ser que nacerá, será llamado Hijo de Dios. 36 Y he aquí tu parienta Elisabet, ella también ha concebido hijo en su vejez; y este es el sexto mes para ella, la que llamaban estéril;

Los ginecólogos dicen que el primer día del séptimo mes durante el periodo de gestación, el oído del niño se ha desarrollado y por primera vez puede oír y distinguir sonidos de afuera del vientre de su madre. El cordón umbilical es la línea donde se nutre el bebé no sólo de sustancias químicas sino de emociones. La historia de Juan el Bautista no sólo nos deja ver la formación del cuerpo dentro de la madre, sino también de las condiciones emotivas del alma por eso el profeta

Ezequiel dijo: "nadie cortó tu cordón umbilical."

Ezequiel 16:4 *RVR1960*
Y en cuanto a tu nacimiento, el día que naciste no fue cortado tu ombligo, ni fuiste lavada con aguas para limpiarte, ni salada con sal, ni fuiste envuelta con fajas.

El rechazo no sólo destruye el amor emocional sino que también el gozo del alma, todo hijo rechazado como intento de aborto o fruto de violación tiene un alma deformada y necesita ser sanado y restaurado.

¿Cómo sería el embarazo de tu madre?

Es posible que usted no lo sabe ni lo recuerde en su memoria consciente; pero sin lugar a dudas la etapa del embarazo de una mujer es muy significativa para lo que va a nacer, porque parte de la personalidad de la criatura al nacer viene del tiempo que estuvo en el vientre. Las cosas con las que batalla una persona hoy vienen de la clase de embarazo que tuvo su madre, las emociones y sensaciones dañadas las recibió en el tiempo de gestación, los maltratos que recibe una mujer en el embarazo, los atropellos e injusticias van a venir por medio del cordón umbilical y esas afectaron las emociones y sensaciones del que nacería de esa mujer, las emociones y sensaciones negativas hicieron a una persona carente de equilibrio porque su alma fue deformada.

La memoria emocional:

La memoria consciente no recuerda el rechazo del vientre pero la memoria emocional sí y la memoria inconsciente. Hay un periodo en todo ser humano y es entre los cuatro a cinco años para atrás que no recuerda algunas cosas que pasaron mientras estaba en el vientre, mucho menos las negativas, pero su memoria inconsciente y su memoria emocional sí, de manera que en esta etapa el alma se nutrió de desamor, inseguridad, rechazo, soledad, amargura, ira, etc.

Esos desequilibrios emocionales del alma son los reflejos del alimento que recibió en la etapa antes de nacer misma en la que una persona ya puede venir con el alma perfilada de inseguridad. Por eso hay personas que desde el vientre de su madre vienen a Cristo con el alma emocionalmente deformada o desequilibrada, la deformación del amor en el alma da lugar a una persona llena de temores e inseguridad.

1 Juan 4:18 RVR1960
En amor no hay temor; mas el perfecto amor echa fuera el temor: porque el temor tiene pena. De donde el que teme, no está perfecto en el amor. En el amor no hay temor, sino que el perfecto amor echa fuera el temor; porque el temor lleva en sí castigo. De donde el que

teme, no ha sido perfeccionado en el amor.

El texto anterior no revela la medicina para vencer dos de los sentimientos que vienen de las emociones deformadas estos son el temor y la angustia, las cuales surgen como consecuencia de haber sido dañada la emoción del amor, por eso sólo con el espíritu de amor se puede perfeccionar el amor dañado.

El temor, base emocional:

Recordemos que anteriormente expliqué que el temor original fue colocado por Dios para que te librara del peligro, es decir que retrocedieras, era una ayuda para evitar el peligro, como una alarma interior pero al ser deformada te paraliza para no enfrentar con valentía los obstáculos personales, a partir de esta pérdida ahora Dios tiene que animarlos a ser fuertes y valientes lo cual no sucedía antes de la caída del hombre, un ejemplo es cuando Dios le ordenó a Josué que fuera fuerte.

Josué 1:6 RVR1960

6 Esfuérzate y sé valiente; porque tú repartirás a este pueblo por heredad la tierra de la cual juré a sus padres que la daría a ellos. 7 Solamente esfuérzate y sé muy valiente, para cuidar de hacer conforme a toda la ley que mi siervo Moisés te mandó; no te apartes de ella ni a diestra ni a siniestra, para que seas prosperado en todas las cosas que emprendas.

Resumen de la emociones:

Recordemos la intención original de esas emociones básicas: La emoción del amor es como una fuerza que te lleva hacia delante, sigues algo o alguien. Seguir a Dios. La emoción del enojo es la fuerza que te hace ir en contra de, vas en contra de algo o de alguien. De lo malo. La emoción del temor te hace ir hacia atrás retroceder de algo o de alguien. Del peligro.

–La Libertad de la Deformación Espiritual–

Para lograr la libertad de las deformaciones del alma debemos anhelar por lo menos dos formas que Dios provee.

La ministración y la liberación del alma:

Juan 11:44 RVR1960
Y el que había muerto salió, atadas las manos y los pies con vendas, y el rostro envuelto en un sudario. Jesús les dijo: Desatadle, y dejadle ir.

Una buena liberación sólo se puede llevar a cabo mediante una buena ministración del alma. Después de la liberación tiene que ser sanado y restaurado con la doctrina, necesita la Palabra que lo ayude a sostener su liberación y no dar lugar a los siete espíritus peores que regresan según Lucas 11:26.

Cristo ordenó a los siervos que lo desataran, para todos los que han vuelto a la vida Él es el camino la verdad es la vida, muchos de nosotros venimos con vendas desde el vientre de nuestra madre, las cuales deben de ser rotas antes de la *parussia* del Señor, la ministración del alma requiere paciencia para escuchar las etapas de tu vida y la unción para romper con las experiencias negativas.

La ministración del alma:

Esta ayuda a discernir las ministraciones que le dieron a tu alma desde el vientre, desde niño en tus diferentes etapas de crecimiento. Las ministraciones como: "los hombres no lloran" ahora están en conflicto con el Espíritu Santo cuando los busca para quebrantarlos.

Juan 13:4-6 LBLA
4 *se levantó de la cena y se quitó su manto, y tomando una toalla, se la ciñó.* **5** *Luego echó agua en una vasija, y comenzó a lavar los pies de los discípulos y a secárselos con la toalla que tenía ceñida.* **6** *Entonces llegó a Simón Pedro. Este le dijo: Señor, ¿tú lavarme a mí los pies?*

Cristo estaba descontaminando el caminar de sus discípulos, el polvo de los pies representa la deformación del alma en el caminar diario. Entonces llegó a Simón Pedro éste le dijo: Señor, ¿tú me vas a lavar los pies a mí también? Esta actitud de Pedro de negarse a que le lavaran los pies es común en los creyentes y representa el no permitir que los siervos conozcan la parte más oscura y triste de su vida con el fin de auxiliarles, significa negarse a la ministración del alma y liberación.

Juan 13:7-8 LBLA
⁷ Jesús respondió, y le dijo: Ahora tú no comprendes lo que yo hago, pero lo entenderás después. ⁸ Pedro le contestó: ¡Jamás me lavarás los pies! Jesús le respondió: Si no te lavo, no tienes parte conmigo.

No tienes parte conmigo significa comunión de hoy y *parussia* para el arrebatamiento.

Una experiencia espiritual

Hechos 26:12 LBLA
¹² Ocupado en esto, cuando iba para Damasco con autoridad y comisión de los principales sacerdotes, ¹³ al mediodía, oh rey, yendo de camino, vi una luz procedente del cielo más brillante que el sol, que resplandecía en torno mío y de los que viajaban conmigo. ¹⁴ Y después de que todos caímos al suelo, oí una voz que me decía en el idioma hebreo: "Saulo,

Saulo, ¿por qué me persigues? Dura cosa te es dar coces contra el aguijón." [15] *Yo entonces dije: "¿Quién eres, Señor?" Y el Señor dijo: "Yo soy Jesús a quien tú persigues.*

Mucha gente debería de entender que el congregase le da la oportunidad para encontrarse con las experiencias espirituales. Las cuales le pueden hacer cambiar así como a Saulo que vino a ser Pablo, la experiencia espiritual produce sobre una emoción negativa una emoción positiva aún más fuerte, capaz de poder neutralizar la anterior permaneciendo en la memoria el recuerdo sin que estos afecten emocionalmente al que los sufre.

La segunda etapa del alma, la niñez y los eventos negativos de los padres:

Las separaciones de los padres y divorcios producen inseguridad, el que abandona o se separa deja a los hijos sin la protección que ellos necesitan sentir, aquí comenzó a darse otra deformación en el alma de los hijos cuando uno de los padres abandona la casa causa del evento más negativo en el alma sus hijos que desequilibra sus emociones y sentimientos de seguridad, es decir, la emoción negativa será inseguridad, de cero a cinco años quedan las huellas más profundas, de cinco a doce años desarrollará la rebelión que dará a luz a los trece.

Eso significa que durante esos años el alma de un niño es deformada para que llegue a ser la persona más desequilibrada emocionalmente; durante esos años se define el carácter de una persona segura o insegura equilibrada o desequilibrada.

Los Equilibrios del Alma

El Cordón Umbilical y las Memorias del Vientre

12

El Cordón Umbilical y las Memorias del Vientre

Este capítulo como los anteriores está basado en el pensamiento que no puedo pasar por alto y es que la gente está en la búsqueda de una solución, respuesta o liberación de su problema. Es por eso que deseo tocar un tema acerca de lo que va íntimamente ligado a las emociones y los equilibrios del alma y quiero referirme a lo que llamaré las memorias del vientre.

Ezequiel 16:4 RVR1960
4 Y en cuanto a tu nacimiento, el día que naciste no fue cortado tu ombligo, ni fuiste lavada con aguas para limpiarte, ni salada con sal, ni fuiste envuelta con fajas. 5 No hubo ojo que se compadeciese de ti para hacerte algo de esto, teniendo de ti misericordia; sino que fuiste arrojada sobre la faz del campo, con menosprecio de tu vida, en el día que naciste.

El tema de las emociones es muy interesante porque me daba cuenta que es una de las esencias del alma, aparte que es un asiento del alma de manera que aparte de que sea sanada deberá ser liberada y ser restaurada de las emociones negativas.

Entendiendo la emociones:

Otra de las palabras en el Nuevo testamento en este caso de origen Griego para referirse a la emoción es: /*koilia*/ # 2836 asiento de las emociones, esto es identificado anatómicamente y médicamente con el plexo solar, una parte del sistema nervioso central por lo tanto muchas veces está traducido como el estómago. La emoción es la parte del alma que responde o reacciona a cualquier pensamiento que está en ella. Cuando está funcionando normalmente el alma domina la emoción; cuando está funcionando anormalmente la emoción domina la mentalidad permitiendo que surja el descontrol en el alma.

Las emociones y sensaciones son una de las esencias del alma y existen por lo menos cinco de ellas y ahí es donde se debe de aplicar dominio sobre estas, porque sus emociones no entienden doctrina, si la emoción controla el alma uno no puede pensar ni puede aplicar la doctrina bíblica a su vida, la emoción no contiene doctrina, nada de pensamiento nada de sentido común y le falta habilidad para razonar, sólo reacciona según sea el evento negativo positivo. Las emociones están diseñadas para responder a lo que está en la mentalidad del alma pero no para asumir la autoridad sobre la mismo, pero cuando es afectada produce deformación y por ello Satanás utiliza y se vale de la ignorancia acerca del tema.

Dejar que los sentimientos y las emociones dominen resultará en desobediencia del alma contra el Señor Jesucristo, nuestros sentimientos no deben mandar nuestra vida espiritual tenemos que confiar en el poder divino y no en el poder humano de la emoción. De un 90 al 95% de la sanidad y restauración del alma tiene que ver con las emociones. Pero las emociones comienzan a grabar memoria después de cada evento sea negativo o positivo y por ende es necesario comprender el tema de las memorias, también en orden de sanar el alma.

–Las Memorias–

Existen algunas clases de memorias de las cuales ningún psiquiatra o psicólogo habla, porque no lo entiende; pero se dejan ver en las Escrituras, hablaré un poco de ello. Hay otras que según los estudiosos matan en vida a muchas personas con tormentos y recuerdos que producen amargura y estas son: Memoria de la mente consciente y la mente inconsciente pero hay otra más compleja y es la del alma, de ésta pocos hablan.

La memoria del alma:

Esta sigue recordando aún fuera de esta

dimensión: ejemplo; el rico en el Hades recordaba la tierra.

Lucas 16:27 RVR1960
²⁷ *Entonces le dijo: Te ruego, pues, padre, que le envíes a la casa de mi padre, ²⁸ porque tengo cinco hermanos, para que les testifique, a fin de que no vengan ellos también a este lugar de tormento. ²⁹ Y Abraham le dijo: A Moisés y a los profetas tienen; óiganlos. ³⁰ Él entonces dijo: No, padre Abraham; pero si alguno fuere a ellos de entre los muertos, se arrepentirán.*

La memoria pre-existencial:

La otra memoria es la del espíritu y es donde este fue equipado por el Padre, pero en este momento se encuentra en amnesia que ira siendo despertada poco a poco enseñados por el Padre.

Juan 6:45 RVR1960
Escrito está en los profetas: Y serán todos enseñados por Dios. Así que, todo aquel que oyó al Padre, y aprendió de él, viene a mí.

Juan 6:45 VMP
Escrito está en los Profetas: Y todos ellos serán enseñados de Dios. Todo aquel que ha oído de parte del Padre, y ha aprendido [de él], viene a mí.

Las memorias con las que batallamos:

La memoria consciente es parcial, es el recuerdo

de las cosas que cada uno tiene cuando está despierto, esta memoria consiste en las cosas que fueron depositadas en el alma y se recuerdan con más facilidad desde los cuatro o cinco años para arriba y es la que nos destruye cada día y por eso la persona debe ser liberada de los recuerdos negativos para ser restaurada.

Después de una mala experiencia toda persona batalla con esta memoria y ayuda a recuperar imágenes que lo martirizan durante el resto de su vida. Una memoria negativa se llama trauma y por eso es un evento negativo en el alma quedó atrapado en el tiempo y en el espacio de una persona; mucha gente se encuentra atrapada en un trauma del que no puede salir porque no sabe cómo hacerlo, es por ello que estas enseñanzas tienen la intención de llevar una luz para que sea libre de sus problemas.

Trauma:

Un evento doloroso que quedó atrapado en el tiempo y en el espacio de una persona. Choque o sentimiento emocional que deja una impresión duradera en el subconsciente, generalmente a causa de una experiencia negativa, es decir del consciente y puede alojarse hasta el subconsciente, todos los traumas quedan grabados en la memoria emocional dentro del alma; todos los traumas tienen memoria, una persona que lo ha sufrido no tiene defensa para futuros eventos.

La memoria inconsciente:

Esta es total y registra todas las cosas negativas y positivas desde el momento que una criatura es concebida en el seno materno, esta memoria puede llegar a grabar por medio del lenguaje y sensaciones emocionales. El alma tiene memoria la cual existe desde el momento que fue concebida la criatura, las emociones y sensaciones son el lenguaje del alma, el alma graba inconscientemente por medio de emociones y sensaciones que llegan a través de la madre por medio del cordón umbilical, la Biblia nos deja ver en el ángulo positivo de las emociones según lo que vimos en el ejemplo de Juan el Bautista.

Lucas 1:44 RVR1960
Porque tan pronto como llegó la voz de tu salutación a mis oídos, la criatura saltó de alegría en mi vientre.

Este pasaje revela el impacto emocional de la criatura a la salutación que vino hacer el estímulo que recibe el fruto del vientre, pero de la misma manera sucede cuando el estímulo es negativo.

– Ministración y Liberación de los Eventos del Vientre –

Si una persona no tuvo un desarrollo normal por causa de una atmósfera negativa esos eventos están grabados en su memoria inconsciente.

Por ejemplo: Los temores comenzaron en el vientre, fue un ataque a la base del amor; las inseguridades comenzaron en el vientre, fue por falta de amor; las amarguras comenzaron en el vientre, fue por causa de resentimiento no liberado.

En el vientre se graba con la memoria inconsciente:

Hay gente que está oprimida desde hace mucho tiempo, más de lo que se imagina, su opresión viene desde el vientre; hay personas que pueden tener por fuera lo mejor materialmente hablando, tienen dinero, buen esposo, buenos hijos, con trabajo, sin embargo, en el interior siguen con amargura de las memorias del alma y seguirán ahí hasta que sean liberados.

El abandono:

Hijos que no conocieron a su papá porque les abandonó cuando estaban en el vientre, ¿qué sensación y emoción hay en el alma de esa persona?

Mujeres abandonadas o rechazadas:

El ciclo de la rechazada, abandonada o abusada es de mujeres acomplejadas, mujeres con inseguridad y por esa causa se someten a hombres que las van a maltratar, se relaciona con cualquier hombre que las humilla, y aguantan porque viven bajo un ciclo de inseguridad, son así porque están repitiendo el ciclo de sus madres a la vez le abren la puerta del mismo ciclo para sus hijos.

El fenómeno de la violación:

Cuando una mujer es violada le roban su dignidad su respeto y si queda embarazada, la criatura es afectada con el sentimiento y receptor de violación, sus emociones son de odio, amargura, rencor, identidad atropellada; su fruto tendrá un alma también emocionalmente deteriorada, hay mujeres casadas que son violadas por su propio esposo cuando las toman por la fuerza. Lo más común en una violación que deja un embarazo es que se decida abortar; si las personas son convencidas de no hacerlo de todas maneras la criatura sufrió el impacto por medio del cordón umbilical en el lenguaje de la sensación y emoción.

El efecto:

La persona que sobrevive a un aborto tendrán carácter descontrolado porque siempre se estará defendiendo en la vida por la sensación de muerte, peligro o amenaza que siente y aprendió a defenderse desde el vientre y su mal carácter lo revela.

Resentimiento:

Volver a tener el mismo sentimiento en este caso (el fetal) el desequilibrio del alma es manifestado por medio de resentimientos algunos incluso que vienen desde el vientre y por causa de esto la gente no tiene expectativas, no alcanza sus aspiraciones, los resentimientos son aprovechados por espíritus inmundos y demonios.

Ezequiel 16:4-5 LBLA
4 'En cuanto a tu nacimiento, el día que naciste no fue cortado tu cordón umbilical, ni fuiste lavada con agua para limpiarte; no fuiste frotada con sal, ni envuelta en pañales. 5 'Ningún ojo se apiadó de ti para hacer por ti alguna de estas cosas, para compadecerse de ti; sino que fuiste echada al campo abierto, porque fuiste aborrecida el día en que naciste.

Por esa razón hay gente que cree que no vale nada, gente que no le han cortado el cordón umbilical continúa amarrada a la memoria del vientre, la memoria inconsciente y cree que no sirve para nada.

El proceso de rescate que revela Ezequiel:

Las injusticias, los insultos, los abusos psicológicos, los físicos y los sexuales que recibió tu madre impactaron tu alma por medio del cordón umbilical, emociones y sensaciones fetales quedaron grabadas en la memoria inconsciente.

El corte del cordón umbilical

Significa romper con la conexión del evento traumático y con los espíritus que aprovecharon el momento, mientras no se experimenta lo que dice Ezequiel acerca del cordón umbilical habrá reacciones de las memorias del vientre, nadie debe de conformarse a vivir con los complejos de las sensaciones fetales negativas que llegaron a su alma en el embarazo de su madre y a través del cordón umbilical.

El ejemplo de Cristo de cómo ministrar el alma:

Juan 13:4-8 [LBA]
4 se levantó de la cena y se quitó su manto, y tomando una toalla, se la ciñó. 5 Luego echó agua en una vasija, y comenzó a lavar los pies de los discípulos y a secárselos con la toalla que tenía ceñida. 6 Entonces llegó a Simón Pedro. Éste le dijo : Señor, ¿tú lavarme a

mí los pies? ⁷ Jesús respondió, y le dijo: Ahora tú no comprendes lo que yo hago, pero lo entenderás después. ⁸ Pedro le contestó : ¡Jamás me lavarás los pies! Jesús le respondió: Si no te lavo, no tienes parte conmigo.

Cristo estaba descontaminando el caminar de sus discípulos del polvo de los pies. Esto representa la deformación de la manera del caminar a diario, a veces ni la misma persona sabe cuan sucios están sus pies por causa del recorrido diario en la vida.

El caminar puede ensuciar:

El rencor, el odio, la contienda, la murmuración, la fornicación y el adulterio, los vicios, alcoholismo drogas, el robo, la mentira, la amargura y otros ensucian tu caminar, todas estas cosas no te quitan la salvación pero te ensucian el alma y te ponen en riesgo la comunión y la *parussia* del Señor.

El Cordón Umbilical y las Memorias del Vientre

El Poder de la Ministración del Alma

13

Durante varios años, quizás 20, me he dedicado a estudiar y a enseñar acerca del tema del alma, el ser humano es la única criatura que se estudia así misma y ese estudiar me ha llevado a la conclusión de que el trabajo de restauración del alma es todo un proceso. La restauración no es inmediata, por esa razón no estoy de acuerdo con muchos predicadores que pregonan que el alma desde el momento de recibir al Señor Jesús es restaurada en su totalidad; esta es una declaración carente de conocimiento respecto al alma. No cabe duda de lo que sí tienen es un buen deseo y es el de animar a la gente a que sepa que su alma está bien, pero esta no es la realidad.

Cosas inmediatas:

- La salvación tiene cosas que son inmediatas.
- La salvación del espíritu humano.
- La vida eterna.
- Nombre escrito en el libro de la vida.

El alma está siendo restaurada todos los días hasta la venida del Señor, quien quitó el reino del pecado, y el Espíritu Santo por medio de un proceso nos va descontaminando de lo que dejó la vida pasada.

Predicadores:

Muchos pregoneros con buena intención pero carentes de realidad pretenden enseñar que no hay necesidad de que tu alma sea ayudada o ministrada y empujan a la gente a vivir la vida ocultando un evento traumático del pasado que les causó mucho dolor y daño.

Por ejemplo: ¿Quién está seguro de que una persona que fue víctima de abuso en su niñez está libre de dolor sin ser ministrada del trauma de la violación sexual, del rechazo, maltrato físico, abuso psicológico, etc.? Las heridas, los traumas y los recuerdos son los que se tratan por medio de una ministración y liberación del alma y así estar seguros de que no le afecten más durante su caminar.

– Lo que no es la Administración del Alma –

Psicología del estímulo respuesta: Esto se puede dar cuando alguien maneja las emociones de otras personas, tocando la parte emocional hace que la persona tenga imaginaciones, escenas de dolor, angustia, tristeza, orgullo es decir, manosearon las emociones de una persona por medio de una palabra, carta o mensaje enviado.

Los encuentros los sistemas G12:

Son solamente descargas de emociones, como una catarsis (en griego /*kathairein*/ = purificar). Esto no es otra cosa más que una purga de la mente, es decir, librarla de lo que actúa como estorbo. La ministración del alma es totalmente diferente y es Bíblica.

Juan 13:1-10 [LBLA]
¹ Antes de la fiesta de la Pascua, sabiendo Jesús que su hora había llegado para pasar de este mundo al Padre, habiendo amado a los suyos que estaban en el mundo, los amó hasta el fin. ² Y durante la cena, como ya el diablo había puesto en el corazón de Judas Iscariote, hijo de Simón, el que lo entregara, ³ Jesús, sabiendo que el Padre había puesto todas las cosas en sus manos, y que de Dios había salido y a Dios volvía, ⁴ se levantó de la cena y se quitó su manto, y tomando una toalla, se la ciñó. ⁵ Luego echó agua en una vasija, y comenzó a lavar los pies de los discípulos y a secárselos con la toalla que tenía ceñida. ⁶ Entonces llegó a Simón Pedro. Éste le dijo : Señor, ¿tú lavarme a mí los pies? ⁷ Jesús respondió, y le dijo: Ahora tú no comprendes lo que yo hago, pero lo entenderás después. ⁸ Pedro le contestó : ¡Jamás me lavarás los pies! Jesús le respondió: Si no te lavo, no tienes parte conmigo. ⁹ Simón Pedro le dijo : Señor, entonces no sólo los pies,

sino también las manos y la cabeza. [10] *Jesús le dijo : El que se ha bañado no necesita lavarse, excepto los pies, pues está todo limpio; y vosotros estáis limpios, pero no todos.*

Este pasaje ha sido utilizado para introducir la práctica de lavatorio de los pies, que son la parte del cuerpo que tienen contacto con la tierra. En los días de Jesús los pies eran lavados cada vez que se realizaba algún viaje.

Alma en contacto con el mundo:

Actualmente lo que debemos limpiar es el alma porque esa es la parte de nuestro ser integral que al caminar puede recoger las contaminaciones del mundo. En el presente no serviría de mucho la limpieza de los pies sino sólo como higiene.

Los pies:

Significa el diario caminar, son el contacto entre el alma con las cosas en el camino donde se encuentra, nos toca a los siervos de Dios ayudar la gente limpiar sus pies, es decir, limpiar su alma.

– El Orden de la Verdadera Ministración del Alma –

Hay tres tiempos que involucran una ministración completa para el alma.

Consejería, ministración y liberación:

Éstas son tres armas fundamentales para la restauración efectiva del alma, eso significa que necesitamos entender las tres cosas relacionadas.

- ¿Cuál es la diferencia entre las tres?
- ¿Cómo se debe efectuar?
- ¿Quién la debe practica?

1 Samuel 17:32-37 LBLA

^{32} Y dijo David a Saúl: No se desaliente el corazón de nadie a causa de él; tu siervo irá y peleará con este filisteo. ^{33} Entonces Saúl dijo a David: Tú no puedes ir contra este filisteo a pelear con él, porque tú eres un muchacho y él ha sido un guerrero desde su juventud. ^{34} Pero David respondió a Saúl: Tu siervo apacentaba las ovejas de su padre, y cuando un león o un oso venía y se llevaba un cordero del rebaño, ^{35} yo salía tras él, lo atacaba, y lo rescataba de su boca; y cuando se levantaba contra mí, lo tomaba por la quijada, lo hería y lo mataba. ^{36} Tu siervo ha matado tanto al león como al oso; y este filisteo incircunciso será como uno de ellos, porque ha desafiado a los escuadrones del Dios viviente. ^{37} Y David añadió: El SEÑOR, que me ha librado de las garras del león y de las garras del oso, me librará de la mano de este filisteo. Y Saúl dijo a David: Ve, y que el SEÑOR sea contigo.

He escogido este pasaje para mostrar el trabajo espiritual que los siervos de Dios deben realizar por las ovejas, veamos la primera parte de este proceso que prepara la verdadera ministración del alma.

La consejería:

Es un departamento donde hay consejeros, de las muchas palabras en hebreo y arameo para expresar la idea de consejo está la palabra: /etsha/ y el verbo es /yaats/. Su traducción normal es consejo y su acepciones: proyecto un proyecto, nos sirve para planificar cómo hacer el resto de las cosas.

Consejero:

Dícese de uno letrado, facultado, que aconseja, uno que solamente alumbra un consejo el camino de otro para que tomes buenas decisiones.

El consejo es antes de la ministración:

Prepara y anticipa para una ministración efectiva, el consejo tiene dos tiempos: antes y después, al usarlo después sirve para fortalecer la liberación equipando para cuando vuelvan los espíritus en el contra ataque.

Cualidades del consejero:

Primero, debe ser restaurador, uno que analiza si es necesaria la ministración y liberación.

Santiago 5:19-20 LBLA
19 Hermanos míos, si alguno de entre vosotros se extravía de la verdad y alguno le hace volver, 20 sepa que el que hace volver a un pecador del error de su camino salvará su alma de muerte, y cubrirá multitud de pecados.

Segundo, debe ser respetable, uno que por su comportamiento y testimonio se haya ganado la admiración y respeto.

Isaías 9:6 LBLA
6 Porque un niño nos ha nacido, un hijo nos ha sido dado, y la soberanía reposará sobre sus hombros; y se llamará su nombre Admirable Consejero, Dios Poderoso, Padre Eterno, Príncipe de Paz.

Tercero, que tenga unción, uno que haya recibido el revestimiento de autoridad es decir ungido específicamente para esa labor.

Isaías 11:2 LBLA
2 Y reposará sobre Él el Espíritu del SEÑOR, espíritu

de sabiduría y de inteligencia, espíritu de consejo y de poder, espíritu de conocimiento y de temor del SEÑOR.

El consejo y su importancia:

Proverbios 15:22 LBLA
²² *Sin consulta, los planes se frustran, pero con muchos consejeros, triunfan.*

Proverbios 20:5 LBLA
⁵ *Como aguas profundas es el consejo en el corazón del hombre, y el hombre de entendimiento lo sacará.*

Proverbios 20:18 LBLA
¹⁸ *Los proyectos con consejo se preparan, y con dirección sabia se hace la guerra.*

Advertencia para un consejero:

El consejero tiene que ser equilibrado y debe saber renunciar a todo espíritu legalista, todo consejero sufre ataques del espíritu de Ahítofel.

2 Samuel 17:23 LBLA
²³ *Viendo Ahitofel que no habían seguido su consejo, aparejó su asno, se levantó y fue a su casa, a su ciudad, puso en orden su casa y se ahorcó. Así murió, y fue sepultado en la tumba de su padre.*

El consejo sólo debe ser como una luz que alumbra el camino de la persona para que tome una buena decisión.

– La Ministración –

2 Reyes 20:9-11 LBLA
⁹ Respondió Isaías: Ésta será la señal del SEÑOR para ti, de que el SEÑOR hará lo que ha dicho: ¿avanzará la sombra diez grados o retrocederá diez grados? ¹⁰ Y Ezequías respondió: Es fácil que la sombra decline diez grados; pero no; que la sombra vuelva atrás diez grados. ¹¹ El profeta Isaías clamó al SEÑOR, y Él hizo volver atrás la sombra diez grados en las gradas por la que había declinado, en las gradas de Acaz.

He colocado ese pasaje en la segunda fase de la ministración para referirme al tiempo que toca la ministración del alma, que la sombra retroceda, avance o decline nos habla del pasado presente y futuro de una persona. En la ministración del alma vas olvidar tu pasado y tu presente para así discernir el futuro, en una persona muchos de los problemas presentes están ligados a un pasado y amenaza el futuro, pero si en el presente identificamos el problema es posible que estemos rompiendo con un pasado y así nuestro futuro cumpla con nuestro destino.

Conceptos:

Ministración viene del griego /*díakoneo*/ que

significa: auxiliar, servir, aliviar las necesidades de alguien, supliendo cosas necesarias para su vida. Una buena ministración asegura una buena liberación. La ministración es el arma que penetra a la dimensión espiritual y traspasa los tiempos.

Las bases de la liberación:

Identificando los poderes de contaminación, la experiencia que lo llevo a sufrir el ataque en la atadura, el lugar con quién lo hizo, y cuando esto implica penetrar a la dimensión espiritual, explorar el campo que el enemigo trabajo.

Observar lo interno:

Consiste en observar el alma por medio de discernimiento y preguntas, observar lo externo implica el cuerpo, movimientos y facciones del cuerpo tales como ojos, manos y todo movimiento.

Las leyes espirituales:

Confrontación de poderes para atar y desatar, las leyes espirituales son las que quitan y dan derechos, una forma de quitar leyes espirituales que el enemigo tiene es por medio del poder de la confesión que liberta. En la ministración se sondea la sangre, carne, asideros y coyunturas. Sangre me refiero a los ancestros que son como el poder por la unción del pecado generacional.

Levítico 17:14 ^{LBLA}
Porque la sangre de todo ser viviente es su misma alma. Por eso mandé a los hijos de Israel: "No comerán la sangre de ningún animal, pues la sangre es su alma misma." El que la coma será eliminado.

Efesios 6:12 ^{Vulgata}
"Vuestra lucha no es solamente con carne y sangre".

Hebreos 12:4 ^{LBLA}
Ustedes se enfrentan con el mal, pero todavía no han tenido que resistir hasta la sangre.

Carne:

Existen códigos secretos que son la ley del pecado en los miembros según Romanos 7:23 en la Biblia Róterdam dice que hay "códigos escritos en los miembros."

Asideros:

Lugar donde se fabrica el pecado.

Isaías 32:6 ^{LBLA}
⁶ Pues el necio habla necedades, y su corazón se inclina hacia el mal, para practicar la impiedad y hablar falsedad contra el SEÑOR, para mantener con hambre al hambriento y para privar de bebida al sediento.

Santiago 1:14-15 LBLA

¹⁴ *Sino que cada uno es tentado cuando es llevado y seducido por su propia pasión.* ¹⁵ *Después, cuando la pasión ha concebido, da a luz el pecado; y cuando el pecado es consumado, engendra la muerte.*

Coyunturas:

Puertas abiertas, lugar donde se unen los huesos y coyunturas articulación del cuerpo, hay que cerrarlas por medio de una oración y pacto con Dios, antítesis por donde entra la espada de Dios.

Hebreos 4:12 LBLA

Porque la palabra de Dios es viva y eficaz, y más cortante que cualquier espada de dos filos; penetra hasta la división del alma y del espíritu, de las coyunturas y los tuétanos, y es poderosa para discernir los pensamientos y las intenciones del corazón.

– La Liberación –

Ésta fase puede considerarse una batalla o combate, es decir, una guerra espiritual corporativa o de cuerpo; en esta fase donde la confrontación de poderes se iniciará.

Renunciando al pecado:

Los enfrentamientos con el pasado desarraigando heridas del pasado amargura, etc.

Perdonando o suplicando perdón:

Reprendiendo por nombres a las potestades y expulsándolas en el nombre de Jesucristo. Potestades que fueron identificadas durante la ministración.

Las provisiones divinas para el ministrante:

- Armadura de Dios Efesios 6:11
- Dones del espíritu Santo 1 Corintios 12
- Espíritu Santo Mateo 10:1 y Hechos 1:8

La Ministración completa es un trabajo profundo que realizan los siervos de Dios con la ayuda del Espíritu Santo para deshacer toda contaminación del alma.

www.ingramcontent.com/pod-product-compliance
Lightning Source LLC
Chambersburg PA
CBHW071654160426
43195CB00012B/1463